4차 산업혁명 시대,
나는 미래를 여는 부모다

4차 산업혁명 시대,
나는 미래를 여는 부모다

초판 1쇄 펴낸 날 2019년 8월 12일
초판 2쇄 펴낸 날 2019년 9월 30일

지은이   공기택

펴낸이   백종민
주 간   정인회
편 집   최새미나·박보영·이혜진·이연선
외서기획 강형은
디자인   김미정·임진형
마케팅   김정미·박진용
관 리   장희정·임수정

펴낸곳   주식회사 꿈결
등 록   2016년 1월 21일(제2016-000015호)
주 소   서울시 영등포구 당산로 50길 3 꿈을담는빌딩 6층
대표전화 1544-6533
팩 스   02) 749-4151
홈페이지 dreamybook.co.kr
이메일   ggumgyeol@naver.com
블로그   blog.naver.com/ggumgyeol
트위터   twitter.com/ggumgyeol
페이스북 facebook.com/ggumgyeol
에듀카페 cafe.naver.com/ggumgyeoledu

ⓒ 공기택, 2019

ISBN 979-11-88260-72-0 03370

이 도서의 국립중앙도서관 출판예정도서목록(CIP)은 서지정보유통지원시스템 홈페이지
(http://seoji.nl.go.kr)와 국가자료공동목록시스템(http://www.nl.go.kr/kolisnet)에서
이용하실 수 있습니다. (CIP제어번호: CIP2019028731)

이 책은 저작권법에 따라 보호받는 저작물이므로,
저작자와 출판사 양측의 허락 없이는 일부 혹은 전체를 인용하거나 옮겨 실을 수 없습니다.

책값은 뒤표지에 있습니다.
주식회사 꿈결은 (주)꿈을담는틀의 자매회사입니다.

4차 산업혁명 시대,
나는 미래를 여는 부모다

미래를 준비하는 부모는 자존감 있는 아이로 키운다!

공기택 지음

== 추천의 글 ==

공기택 선생님은 충효인경 자강불식의 이념으로 제가 설립한 동원고와 동우여고에서 30년 동안 대한민국의 인재를 키우기 위해 노력한 훌륭한 선생님입니다. 이번에 선생님께서 4차 산업혁명 시대의 대한민국 교육과 사랑하는 학생들의 미래를 걱정하는 마음으로 책을 쓰셨습니다. 이 좋은 책이 많은 부모님들에게 읽혀서 대한민국 교육에 밝은 미래가 열리고, 세계로 나아가는 인재들이 자라나길 소망합니다.

_전재욱 학교법인 경동대학교 및 경복대학교 설립자, 법학 박사

4차 산업혁명 시대를 맞이하여 국회의원으로서 '더불어 잘사는 사회'가 무엇인지 늘 고민합니다. 다가오는 미래는 협력의 가치가 더욱 빛나는 시대이기 때문입니다. 빠르게 변화하는 미래에 자녀에게 어떤 가치를 심어 주어야 할지 고민하는 부모님들께 이 책을 권합니다.

_김진표 전 경제부총리·교육부총리, 국회의원

행복교육독립군을 자처하며 고등학교 교단에서 30여 년 동안 학생들을 가르쳐 온 공기택 선생은 4차 산업혁명 시대 부모라면 자녀의 강점을 키우고, 자녀가 자기주도적으로 성장할 수 있도록 교육해야 한다고 늘 말

해 왔다. 이 책에는 교실과 강연회에서 저자가 꾸준히 주장해 온 최고의 강의 내용이 담겨 있다. 이 책을 읽은 독자는 부모로서 자녀에게 무엇을 해야 하고, 어떤 일을 해서는 안 되는지 잘 알게 될 것이다. 이 책을 읽은 모든 부모와 자녀가 행복한 미래로 자신 있게 나아가길 바란다.

_이경화 교수 숭실대학교 평생교육학과 교수, 교육학 박사, 한국영재교육학회, 한국창의력교육학회의 학회장 역임

사람은 누구나 행복해야 한다. 하지만 행복하려고 받은 교육도, 교육의 결과로 주어졌던 부와 성공도 결코 우리에게 행복을 주지 않았다. 왜 그럴까? 이 책의 저자는 행복과 성공의 공식이 잘못 세워졌기 때문이라고 말한다. 성공을 얻은 뒤에 행복해진다는 믿음이 오히려 아이들에게 좌절감을 주고 아이들을 무기력하게 만들고 있다. 10년 넘게 부모와 학생을 대상으로 강연 활동을 펼쳐 온 저자는 '행복한 성공이란 행동과 능력과 믿음과 자각과 헌신'이라는 새로운 공식을 소개하고 있다. 이 책을 통해 더 많은 부모들이 행복해지고 나아가 이 나라의 교육 현장에 변화의 바람이 불길 기대한다.

_이정규 한국과학창의재단 단장, 영재교육학회 수석부회장

= 머리말 =

한 아이가 있다. 한 번도 가 본 적이 없는 칠흑같이 어두운 길로 들어가야 하는 아이가 길 앞에 서 있다. 이 길을 지나가야 자신의 세상을 만날 수 있기에, 아이는 두려운 마음과 설레는 마음으로 길 앞에 서 있다. 아이가 가야 하는 그 길에 대해서 이것저것 이야기하는 사람은 많다. 하지만 그들 가운데 그 길을 가 본 사람은 아직 아무도 없다. 그 길을 넘어서면 나타날 새로운 세상에서 살기 위해 아이는 지금 제대로 된 지도 한 장 없이 그 캄캄한 길 앞에 서 있다.

길을 떠나야 하는 아이의 뒤에는 부모가 아이를 바라보고 있다. 아이가 길을 가면서 어떤 일을 겪을지 아이를 떠나보내는 부모는 전혀 모른다. 그 길에 낭떠러지가 있는지 늪으로 가려진 깊은 호수가 있는지 알 수 없고, 어떤 험한 산길이 갑자기 나타나 아이 앞을 막아설지도 전혀 예상할 수 없다. 아이가 길 앞에서 맹수를 만날지 은인을 만날지, 함께 길을 떠나는 동료 가운데 누가 아이의 진정한 친구인지도 알 수 없다. 부모는 주워들은 이야기로 아이에게 가야 할 길에 대해 이야기해 주기는 하지만, 막상 자신도 가 본 적이 없는 길이라 확신이 없다. 떠나보내야 하는 부모는 답답하고 떠나야 하는 아이는 불안하다. 아무도 모르는 그 길을 떠나는 아이에게 부모는 이것저것 챙겨 주지만 그것들은 이제까지 부모

가 살아왔던 세상에서나 필요한 준비물이다. 정작 아이에게 필요한 것이 무엇인지 모르니 챙겨 준다 한들 아이에게는 무거운 짐이 될 뿐이다.

대한민국의 교육 현실은 어둡고 복잡하다. 해마다 교육 문제를 해결하기 위해 다양한 이름의 교육정책이 나오지만, 오히려 잦은 정책 변화 탓에 부모와 아이들은 혼란만 느낄 뿐이다. 복잡하고 어지러운 교육정책 안에서 학부모와 아이는 갈피를 잡지 못하고 헤맨다. 많은 사람들이 우리 교육 현실을 두고 앞이 보이지 않는 뿌연 안개 속 같다고 이야기한다. 또 대한민국의 교육이 바뀌어야 한다고 한목소리로 외친다.

그러나 많은 사람들은 공교육의 문제점을 지적하고 우리의 교육 현실을 비판하면서도 여전히 교육의 틀 안에서 질질 끌려간다. 개혁이니 혁신이니 하는 화려한 말들이 오가지만, 교육 환경과 현실은 늘 그렇듯 제자리에서 맴도는 듯하다.

그렇다고 원망만 늘어놓고 있을 수는 없다. 부모는 교육이라는 거대한 공룡이 바뀔 때까지 내 아이를 마냥 두어서는 안 된다. 이제는 직접 길을 나서야 한다. 아무리 칠흑같이 어두운 현실이라도 그 안으로 들어가야만 한다. 세상과 교육이 바뀌지 않으면 부모와 아이가 바뀌어야 한다. 스스로 어두운 길을 뚫고 삶을 헤쳐 나갈 수 있는 개척자가 되어 앞으로 나아가야 한다.

우리의 아이들은 모두 4차 산업혁명의 시대를 살아가야 한다. 많은 전문가들은 부모가 살았던 시대와 4차 산업혁명의 시대는 전혀 다른 세상일 거라고 내다보고 있다.

제2의 반도체라 불리며 새로운 소통의 기술이라고 알려진 블록체인을 비롯한 사물인터넷, 인공지능이 어떠한 미래를 열어젖힐지는 누구도 정확히 예측할 수 없다. 그렇지만 자율주행 자동차가 거리를 누비고, 3D 프린터가 생산하는 물건이 나오며, 신재생 바이오에너지가 등장하는 등 지금까지와는 전혀 다른 차원의 세상이 열릴 것이라는 데에는 대다수가 동의하고 있다. 또 지능정보화, 지식정보화를 바탕으로 소통의 방법도 완전히 달라질 것이다. 그에 발맞추어 우리 아이들이 미래를 어떻게 대비해야 할지에 대해 많은 의견이 제시되고 있다. 나름 전문가인 사람들은 미래 사회에 없어질 직업과 새로이 나타날 직업을 제시하는가 하면, 로봇이 가져올 인간 노동시장의 변화를 예측하기도 한다.

　다양한 분야의 전문가들은 미래 사회를 살아갈 아이들에게 무엇보다 필요한 핵심 역량으로 비판적 사고 능력, 협업 능력, 창의성, 의사소통 능력 등을 꼽는다. 그러면서 핵심 역량을 기르기 위해 어떤 교육을 어떻게 실시해야 하는지 다양한 의견을 내놓는다. 이런 여러 이유에서 4차 산업혁명을 맞이한 우리의 교육 현장은 매우 혼란스럽다. 교육을 담당하는 교사도 혼란스럽기는 마찬가지이고, 이 현실 앞에 마주 선 부모와 아이도 혼란을 고스란히 몸으로 체감하고 있다.

　그렇다면 앞으로 다가올 시대에 대해 우리가 확실히 아는 것은 무엇일까? 결국 미래는 '불확실한 사회'라는 사실 그 하나이지 않을까? 이는 미래 사회가 어떻게 될지를 전혀 예측할 수 없다는 말이 아니다. 어떤 것들이 다가올지에 대해서는 이미 많은 예측이 나오고 있다. 미래 시대를 불확실한 시대라고 부르는 것은 이제까지 사람들이 믿고 있던 많은 학문의 원리와 유효성이 더 이상 설득력을 갖지 못한 데서 온 말이다. 다시 말해, 애덤 스미스Adam Smith의 '보이지 않는 손', 허버트 스펜서Herbert Spencer의 '사회진화론' 같은 경제 이론들이 더 이상 통용되기 힘들고, 예측이 불가능한 사회로 나아가고 있다는 것이다. 또 지금까지 세상을 이끌었던 기업들이 무너지고 새로운 산업이 나타나며, 이 사회를 이끌기 위해 존재했던 '계층 구조 Hierarchy'가 붕괴되고, 이제까지 중요했던 가치관과 역량들이 무너져 간다는 것이다.

불확실성의 시대에 나타나는 새로운 산업은 새로운 조직 구조를 만들고 거기에 맞는 새로운 가치관과 역량을 요구한다. 지금까지는 누구에게나 통용되는 규칙과 법칙만 따르면 결과를 예측할 수 있는 사회였지만, 이제는 개인의 가치와 역량을 펼쳐야만 살 수 있는 시대가 온 것이다.

세상은 변하지만 부모는 아이에게 닥칠 미래를 제대로 모른다. 미래 사회에 어떤 역량을 갖추어야 아이가 행복하게 성공할 수 있는지도 모르며, 심지어 내 아이가 어떤 삶을 살아야 행복한지도 모른다. 게다가 내 아이가 어떤 가치를 지녔는지도 잘 모르고 있다.

부모는 장차 다가올 사회에 우리 아이가 잘 적응하고 성공하는 삶을 살도록 하기 위해 미래 세계를 제대로 알아야 하며 내 아이에 대해서도 올바로 알아야 한다. 또 내 아이의 행복한 성공에 대해서도 정확히 알아야 한다.

한편 행복한 성공을 제대로 경험한 적 없는 부모들은 아이에게 미래

를 위해 열심히 살아가라고 말하지만, 아이들은 미래를 위해 참아야만 하는 현재가 고통스러울 뿐이다. 또 부모는 아이들에게 성공을 꿈꾸라고 말하지만 아이들이 꿈꾸는 성공은 멀기만 하다. 이런 현실과 이상의 차이는 어떻게 극복해야 할까?

이 책을 쓰면서 나는 부모들의 답답한 마음을 풀어 주고 싶었다. 부모들의 답답한 마음이 풀려야 아이들을 행복으로 이끌 수 있기 때문이다. 그래서 나는 두 아이를 키우면서 느낀 생각들, 30여 년간 다양한 꿈을 지닌 많은 아이들을 가르치면서 깨닫게 된 것들을 이 책을 통해 함께 나누고자 한다.

우선 나는 이 책에서 행복에 대한 공식을 새로 썼다. 성공이 행복을 가져다주는 것이 아니라 행복한 성공의 경험이 행복한 성공을 만들어 낸다는 것이다. 행복과 성공은 동전의 양면과 같아서 떼려야 뗄 수가 없다. 행복 없이는 성공이 완성되지 않으며, 성공 없이 행복은 찾아오지 않는다. 책을 통해서 부모들은 행복한 성공에 대한 새로운 공식을 배우게 될 것이다. 그리고 그 공식을 이해한 부모는 아이의 미래에 대해 여유를 갖게 될 것이다.

덧붙여, 다가오는 미래 사회에 아이들이 갖추어야 할 역량 가운데 자기주도력의 중요성을 강조했다. 21세기 지능정보사회에는 비판적 사고 능력, 협업 능력, 창의성, 의사소통 능력 같은 핵심 역량이 필요하다고 하는데, 이러한 능력들은 자기주도력을 갖춘 아이에게서 나타나기 때문이다. 따라서 자기주도력을 갖춘 아이가 되기 위해 갖추어야 할 자존감을 높이는 방법과 강점을 찾는 방법에 대해서 책 전반에 걸쳐 자세히 소개했다. 그리고 이러한 역량을 키워 주기 위한 부모의 소통법에 대해서 새로운 제안을 했다.

내가 제안한 것들은 누구나 다 아는 평범한 이야기일 수도 있다. 그러나 알고 있는 것과 실행하는 것은 전혀 다른 결과를 가져온다. 나는 교육에 대한 부모들의 열정이 생각과 말에 그치지 않기를 바란다. 알고 이해하는 것에 그친다면 우리의 교육은 바뀌지 않을 것이다. 그리고 교육에 대한 부모들의 열정이 올바른 방향으로 나타났으면 좋겠다. 아무리 열심히 해도 방향이 틀리면 올바른 교육을 할 수 없다. 더 이상 부모들이 틀린 방향으로 아이들을 강제로 밀어붙이고 강요하지 않기를 바란다. 아이와 함께 이야기하고 함께 걸어가는 부모가 많아지기를 희망한다.

    이 땅의 모든 부모들이 행복해졌으면 좋겠다. 그래서 그 행복을 통해 이 나라 교육이 바뀌고, 아이들이 불안에서 벗어나 행복해지면 정말 좋겠다. 자신의 길을 행복하게 걸어가는 아이들이 많은 나라, 그리고 아이들을 행복하게 만들기 위해 어른과 사회가 다 같이 노력하는 나라가 되기를 바라는 마음이다.

2019년 7월 서호가 내려다보이는 자리에서
대한민국 행복교육 독립군 공기택

차례

머리말 … 06

1장 '행복한 성공'을 해야 진정한 성공이다

- 우리가 잃어버린 행복지수 … 18
- 어떻게 되기를 바라나요? … 30
- 무엇을 위한 푸닥거리인가?: 50대 가장 A의 이야기 … 38
- 푸념은 입버릇이 되고 … 43
- 아이가 원하는 상태로 가야 미래가 행복하다 … 49
- 기다리기만 하면 마시멜로가 두 배가 될까?
  : 행복한 성공에 대한 새로운 공식 … 58
- 하고 싶은 일을 하는 아이가 행복하다 … 68

2장 자기주도력을 갖춘 아이가 행복한 리더이다

- 4차 산업혁명, 얼마나 알고 있나?
  : 스카이넷이 이길까, 터미네이터가 이길까? … 78
- 시대의 변화와 교육의 변화: 기술이 바뀌면 역할도 바뀐다 … 86
- 경쟁이 아니라 협동이야: 홀라크라시 시대 … 98
- 온리 원과 협업 … 116
- 자기주도력과 창의력 … 121
- 호기심은 잘 챙겼니?: 존 네이스비츠 … 128

3장 자존감을 가진 아이가 스스로 선다

- 모두가 영웅인 사회 … 134
- 이 아이를 아십니까?: 역량은 지식으로 키울 수 없다 … 145
- 자존감에 대하여 … 151
- 자존自尊인가 자존自存인가?: 자존감이 낮으면 자존심이 강해진다 … 157
- 저는 밤새 춤을 춰요: 인정 욕구와 자존감 … 162
- 리더와 폭군의 차이 … 174
- 인성과 인성 점수 … 178

 4장 자존감을 높이는 부모의 자세

- 현재 상태에 주목해라: 자존감을 올리는 처방전 … 186
- 장점과 단점을 가르는 기준은 없다 … 195
- 세상에 존재하는 사람 수만큼 강점도 존재한다 … 203
- 단점 요리하기: 단점을 극복하는 세 가지 기술 … 211
- 자존감을 올리는 가치 찾기: 효용가치와 교환가치 … 222
- 맛을 일으키고, 맛을 붙여야 행복하다 … 227
- 자원은 많을수록 좋다 … 230
- 아이와 마음으로 대화하라 … 235

맺음말 … 250

'행복한 성공'을 해야 진정한 성공이다

우리가 잃어버린 행복지수

"행복하신가요?"

누군가 많은 청중이 있는 곳에서 공개적으로 이런 질문을 한다면 나는 어떻게 대답할까? 아마도 당연히 행복하다고 대답할 것이다.

그런데 행복하다는 나의 대답은 진실일까? 나는 정말 행복할까? 경제 수준에 비해 행복지수가 매우 낮은 나라인 대한민국에서 사람들이 행복하다는 말은 과연 믿을 수 있는 것일까? 나를 포함하여 우리들은 모두 무한 경쟁의 사회에 살면서 어려서는 진학 걱정, 진학한 뒤에는 취업 걱정, 취업한 뒤에는 결혼과 자녀 계획 등 인생 전반의 설계를 놓고 걱정하며 고민하다가 늙어서는 노후 걱정을 하면서 산다. 체면과 형식을 중시하고 인사치레에 치중하는 사회 분위기는 안팎의 살림살이를 빠듯하게 만들고, 남과 비교하는 습성은 내면의 삶을 팍팍하게 만든다.

그럼에도 우리는 왜 '행복하다'고 대답할까? 어쩌면 어려서부터 '행복하게 살아야 한다'고 끊임없이 듣고 자라 온 탓에 습관적으로 행복하다는 말을 되뇌는 것은 아닐까?

우리는 공부를 배우듯 행복을 '배웠다'. 행복하게 사는 것이 좋은 삶이고 바람직한 인생이라고 배웠다. 실제로는 행복하지 않더라도 행복하다고 말해야 행복해진다고 배웠다. 행복을 삶에서 느끼지 않고 공부와 강의를 통해서 배워 온 결과이다. 실제 삶은 고단하고 고통스러우면서도 수많은 자기계발서와 '소통'이라는 이름을 내건 강의에서 세뇌당한 결과이다. 그렇다고 누군가가 우리에게 행복이라는 답변을 강요하는 것은 아니다. 하지만 행복하다고 말해야 정답일 것 같다.

이제 진심으로 내 **마음을 한번 들여다볼 때**이다. 대한민국 국민인 나는 정말 행복한가? 많은 사람들 앞에서 행복하다고 말했던 나는 집에 돌아오면 어떤 기분이 드는가? 허탈한 몸을 침대에 누이며 나는 어떤 생각을 했던가?

공개적으로 행복하다고 답변했던 사람들은 대부분 개인적으로 같은 질문을 받으면 멈칫한다. "지금 행복합니까?", "당신은 행복하다고 말할 수 있습니까?"라는 질문에 선뜻 그렇다고 답할 수 있는 사람은 아마 얼마 되지 않을 것이다.

유엔은 매년 〈세계행복보고서 World Happiness Report〉를 발표한다. 이 발표에 따라 세계 각국의 행복지수 순위가 매겨지는데, 상위권은 주로 핀란드, 노르웨이, 덴마크, 아이슬란드, 스위스, 네덜란드, 스웨덴 같은 스칸디나비아반도 주변의 북유럽 국가와 뉴질랜드, 캐나다, 오스트레일리아 등 자연 경관이 좋은 국가가 차지한다. 이 나라들의 행복지수는 순위가 서로 뒤바뀌기는 해도 상위권에서 내려온 적은 없다. 그렇다면 2019년에 발표한 〈세계행복보고서〉에서 우리나라는 몇 위를 차지했을까? 대한민국은 156개국 중 54위에 자리해, 행복과는 거리가 먼 결과를 보였다.

행복지수란 국내총생산 같은 경제적인 가치뿐 아니라 삶의 만족도와 미래에 대한 기대 등 인간의 행복과 삶의 질을 포괄적으로 고려해 나온 지표이므로 행복지수가 높은 나라의 국민은 그만큼 삶의 만족도가 높을 수밖에 없다. 북유럽 국가들이 전 세계인의 선망의 대상이 되는 것은 다 이런 이유 때문이다.

그런데 우리나라보다 행복지수가 높은 나라라고 해서 자연환경이나 경제 수준이 반드시 우리보다 높은 건 아니다. 그럼에도 그들은 어떻게 행복할 수 있었을까? 그들의 행복은 어디에서 온 것일까?

우리는 2017년 행복지수 1위, 2018년 2위를 차지한 노르웨이에서 그 해답을 찾을 수 있다. 많은 사람들이 노르웨이를 이야기하면서 '휘게 Hygge'라는 단어를 입에 올린다. 노르웨이에는 다른 삶과의 비교를 거부하고 오직 주관적인 '절대 평안'을 최우선으로 여기는 '휘게 라이프'가 있으며, 그들은 바로 여기서 행복을 찾는다.

이런 이야기를 들을 때마다 나를 포함한 대한민국 사람들은 '휘게 라이프'를 부러워하며 이 같은 삶을 동경한다. 그러나 이런 꿈은 상상에서나 가능할 뿐, 결국 대한민국의 바쁜 일상에 이런 삶을 옮겨 올 수는 없다는 결론에 도달하게 된다. 끊임없는 경쟁과 앞만 보고 노력하는 삶을 강조하는 대한민국에서는 쉽게 통용될 수 없는 가치이기 때문이다. 이런 결론은 다시 우리가 불행할 수밖에 없다는 사실을 알려 주는 것 같다.

이런 삶이 노르웨이에만 있는 것은 아니다. 2017년 노르웨이에 행복지수 1위를 넘겨주기 전까지 3년 연속 1위를 차지했던 덴마크에도 '휘게'와 비슷한 개념이 있다. 바로 '얀테의 법칙 Law of Jante'이다.

얀테의 법칙은 1933년 악셀 산데모제 Aksel Sandemose가 쓴 소설 《도망자, 자신의 자취를 가로지르다 En Flyktning Krysser Sitt Spor》에 나오는 열 개의 규칙이다. 얀테는 소설에 나오는 가상의 작은 도시로, 이곳에는 스칸디나비아 지역 사람들의 정서를 지배하는 문화적 신념이 열 개의 규칙으로 남아 있다. 스스로를 특별한 사람으로 생각하지 말라, 네가 다른 이들보다 더 똑똑하다고 생각하지 말라부터 다른 사람을 비웃지 말라, 다른 사람을 가르치지 말라에 이르기까지, 얀테의 마을에 내려오는 규칙에는 타인을 신뢰하고 개개인을 존중하는 신념이 묻어난다.

덴마크인들이 따르는 '얀테의 법칙'은 우월과 성공이 아니라 겸손과 배려와 평등에 대한 교육의 기준을 말한다. 그렇기에 이 나라의 교육은 다른 아이들과의 경쟁을 가르치지 않는다. 아이들이 경쟁하기보다는 협동하게 하며, 자신보다는 공동체와 사회의 균형 있는 발전을 먼저 생각하게 하는 배려의 교육을 하고 있는 셈이다. 대한민국 국민이 신봉하는 성공론의 시각에서 보면 이런 교육은 열정이 없는 신념이라고 비판할 수도 있겠지만, 이상향과 같은 행복이라는 또 다른 시각에서 본다면 아이들에게 열등감을 주지 않으며 자존감을 높여 주는 교육이라고 볼 수도 있다. '얀테의 법칙' 이야기를 들으면, 경쟁하지 않고 협동하는 사회를 살아가는 사람들이 행복할 수밖에 없다는 당연한 생각에 동의하게 된다.

그렇지만 경쟁과 성공의 신화를 믿고 살았던 대한민국의 부모들에게 얀테의 법칙이 지향하는 바는 받아들이기 어렵다. 현재 이 사회를 이끌고 나가는 40대에서 60대까지의 기성세대에게는 성공과 경쟁에 대한 굳건한 믿음이 있다. 이 세대는 '국민교육헌장'과 '국기에 대한 맹세'를 달달 외우고 살았으며, 1987년 6·29 민주화 선언으로 대통령 직선제가 치러지기 전까지 군사독재 정권 아래에서 교육받고 자랐다. 국민교육헌장은 1994년 이후 초·중·고등학교 교과서에서 사라지고 2003년에는 국민교육헌장 선포 기념일도 폐지되었지만, 1960년대에서 1990년대까지 국민교육헌장 전문을 달달 외우면서 학교를 다녔던 사람들에게 이 헌장은 쉽게 사라지지 않는 교육적 가치관이다.

"우리는 민족중흥의 역사적 사명을 띠고 이 땅에 태어났다"로 시작되는 국민교육헌장 전문은 개인 탄생의 목적을 개인의 성장이 아니라 민족중흥의 역사적 사명이라고 못 박는다. "성실한 마음과 튼튼한 몸으로 학문과 기술을 배우고 익히며, 타고난 저마다의 소질을 계발하고 우리의 처지를 약진의 발판으로 삼아 창조의 힘과 개척의 정신을 기른다"는 문구는 어쩌면 역량 강화 및 창의적 인간의 양성이라고 말하는 현대 교육과 일치하는 측면이 있기도 하다. 하지만 개인은 민족을 위해 희생해야 한다는 당시 교육 목적에 맞춰 개인을 도구화하고 노예화하는 말이 되어 버렸다.

한술 더 떠서 1968년도 충청남도 교육청에서 처음 시작되어 1972년에 전국 각 학교에 시행된 '국기에 대한 맹세' 역시 국가를 향한 학생들의 노예 충성 서약 같은 것이었다.

"나는 자랑스러운 태극기 앞에 조국과 민족의 무궁한 영광을 위하여 몸과 마음을 바쳐 충성을 다할 것을 굳게 다짐합니다."
(1972년 수정 맹세문)

이 맹세문은 엄숙하다 못해 거룩하게 느껴질 정도이다. 얼마나 거룩하게 느껴졌는지 초등학교 시절 학생회장으로 대의원 회의를 주관하던 나는 '다짐합니다'라는 맹세문의 끝에 '아멘'이라는 단어를 붙이는 실수를 종종 저지르기도 했다.

조국과 민족의 영광을 위해 몸과 마음을 바친다는 말은 개인보다 국가를 위한 삶을 살라는 강요이며 군국주의적 발상의 교육관이었다. 2007년에 와서야 "자유롭고 정의로운 대한민국의 무궁한 영광을 위하여 충성을 다할 것을 굳게 다짐합니다"라고 완화되기는 했지만 여전히 그 시절에 교육을 받았던 사람들의 뇌리에 '몸과 마음을 바쳐'라는 단어는 지워지지 않을 정도로 강렬하게 각인되어 있다.

이런 교육을 받았던 오늘날의 기성세대들에게 공부는 곧 출세하고 성공하기 위한 수단에 불과했다. 공부는 싫든 좋든 해치워야만 하는 의무가 되어 버렸다. 의무로 전락해 버린 공부는 많은 사람들을 공부의 노예로 만들었고, 노예처럼 살더라도 공부해서 높은 곳에 올라가는 것을 삶의 궁극적인 목표로 삼도록 부추겼다. 성공과 출세를 위해 의무적으로 해야만 하는 것이 공부라고 인식되면서 우리 교육도 지루하고 재미없는 것으로, 성공을 위한 수단으로 전락하고 말았다. 대학 교육은 취업을 위해 필요하고 초·중·고 교육은 오로지 대학 입시를 위해 필요할 뿐이었다. 출세와 성공을 위해 필요한 동아줄이자 개인의 영달과 성공을 위한 교육은 더 이상 학문과 교양의 영역을 차지할 수 없었다.

이런 현상과 더불어 대학 위주의 교육에서 실패한 사람은 영영 쓸모없는 인간으로 전락한다는 믿음이 확산되었다. 대학을 위한 교육은 맹목적인 신앙이 되었고 좋은 성적은 절대 권력이 되었다. 좋은 대학을 나온 사람은 무조건 성공의 에스컬레이터를 타게 될 것이라는 맹신 그리고 그렇지 못한 인간은 낙오자가 될 것이라는 확신이 사람들의 눈과 귀를 흐릿하게 만들었다.

실제로 학벌이 좋은 사람들 대다수가 출세의 사다리를 오르는 데 성공하면서 사람들의 맹목적인 믿음은 더욱 공고해졌다. 상위권 대학 출신들이 정치와 경제, 언론과 학계의 높은 자리를 차지하면서 자본주의가 말하는 성공의 표준을 보장해 주는 것처럼 비쳤기 때문이다. 게다가 이들의 도덕성 여부와는 별개로 사회적·경제적으로 높은 지위를 누리고 있는 현실도 사람들의 그릇된 출세 지향을 더욱 부채질했다. 이런 사회적 현상은 더 많은 사람과 더 많은 세대들에게 성공을 강요했고, 모든 사람들을 좋은 대학에 가기 위해 맹목적으로 매달리는 들개처럼 만들어 버렸다. 좋은 대학을 나오고 성공하는 것이 행복을 위한 절대적 조건이 되고 맹목적인 믿음으로 굳어진 것이다.

모든 사람이 성공과 대학이라는 같은 목표를 가지고 같은 방향으로 달리는 대한민국은 올림픽 경기장을 방불케 한다. 대한민국 국민은 태어나면서 올림픽 금메달을 위해 각종 허들을 넘어야 하는 운동선수로 키워지고 있다. 유치원, 초등학교, 중학교, 고등학교, 대학교, 직장까지 삶의 모든 단계에서 과도한 경쟁을 요구받는다. 단 한 번이라도 경쟁에서 뒤처지는 것은 용납되지 못한다. 그 한 번의 실수로 평생 낙오자가 될 수 있다는 생각 때문이다. 대한민국의 국민들은 경쟁의 고통스러운 과정을 온몸으로 겪으며, 성공 올림픽의 현역 선수로 살아간다. 성공의 골라인에 가장 먼저 도달하겠다는 굳은 의지로 입이 바짝 마르는 고통의 순간을 참으며 경주마 같은 인생을 살아간다. 성공을 위해 이 정도 고통은 참아 내는 것이 옳다고 믿으며 살아간다. 대한민국 국민 모두가 성공이라는 최면에 걸린 듯하다.

   많은 시간 경쟁 속에서 땀을 흘리던 선수들은 더 이상 경쟁할 수 없는 상황에 도달해서야 현역에서 물러난다. 하지만 현역에서 물러났다고 성공 올림픽 경기장에서 벗어나는 것은 아니다. 또 한 번 자녀들의 성공을 지도하는 코치가 되거나 최전방 응원단장이 되어 손에 땀을 쥐고 경기를 지켜봐야 하기 때문이다. 그들은 마지막 남은 힘을 동원해서 자녀들의 경쟁을 응원한다. 때로는 온갖 불법을 자행해서라도 자녀의 성공을 위해 술수를 부리기도 한다. 자녀를 위한 코치단과 응원단에서 빠져나오고 나서야 부모는 길었던 성공 올림픽에서 벗어날 수 있다.

성공 올림픽을 위해 평생 경주하는 삶을 사는 이들에게 삶의 목표는 도대체 무엇일까? 누구나 행복하기 위해 인생을 산다. 성공 올림픽을 하는 목적은 올림픽의 경주를 이겨 낸 후 얻을 행복에 있다. 행복하기 위해 경주를 단행하는 것이다. 그렇다면 과연 성공을 위한 경주는 그들에게 행복을 주었을까? 많은 사람들이 행복을 위해 평생을 경쟁했지만 남겨진 것은 상처뿐이었다. 성공은 끝이 없었고, 성공의 끝에 있을 것이라 믿었던 행복은 그 어디에서도 찾을 수 없었다.

이처럼 **성공을 위한 경쟁은 더 이상 행복이 아니라는 것**을 우리 모두 알고 있다. 그럼에도 성공을 위한 경쟁을 멈추지 못하는 이유는 무엇일까? 여전히 손에 당근을 쥐거나 채찍을 잡고 성공을 위한 교육에 매진하는 이유는 무엇일까? 어쩌면 끝없는 질주 외에는 달리 어찌 할 방법을 알지 못하기 때문은 아닐까?

대한민국의 교육은 더 이상 행복과는 관계 없는 현장이 되어 버렸다. 경쟁을 강요하는 대한민국 교육은 더 이상 '행복'이라는 말을 언급해서는 안 된다. 성공을 목표로 경쟁하는 대한민국 교육 현장의 아이들은 경주마나 노예와 같은 존재이기에, 그들이 하는 공부는 행복이란 이름으로 포장될지언정 행복을 줄 수는 없다. 행복한 삶을 위해 아이들을 교육하고 있다고 말하는 어른이 있다면, 그는 자신도 모르는 '행복'이라는 가상의 실체를 말하고 있을 공산이 크다.

그러나 이 뒤틀린 대한민국의 교육 현실을 앞장서서 비난할 수 있는 사람은 아마 많지 않을 것이다. 무한경쟁 교육을 제조하고 있는 교육 당국이나 이를 이용해 경쟁 교육을 생산하고 있는 교육자들이나 이런 제도권 학교에 아이들을 보내며 우려와 염려의 눈빛을 보내면서도 현실에서 벗어나지 못하고 경쟁을 부추기고 응원하는 학부모들 모두 같은 생각이기 때문이다.

'결국 경쟁에서 이긴 놈만 성공한다.'

이런 사회 분위기 속에서 아이들이 성공 경쟁에 동화되는 것은 어찌 보면 매우 자연스러운 일이다.

그러나 누군가는 이 고리를 끊고 '진정한 행복'을 찾기 위해 노력하자고 나서야 한다. 그리고 이 대열에 가장 앞장서야 할 사람은 자녀를 아끼는 부모여야 한다. 따라서 오늘날 뒤틀린 교육과 교육 현장의 이야기는, 어쩌면 자녀를 키우고 있는 바로 당신의 이야기가 될 것이다.

성공 올림픽을 위해 평생 경주하듯 삶을 사는 이들에게 삶의 목표는 도대체 무엇일까?

어떻게 되기를 바라나요?

나는 강연장이나 학교에서 중고생을 만날 때면 이렇게 묻는다. "어떻게 되기를 바라나요?"

앞뒤 다 자르고 다짜고짜로 마이크를 들이대며 뜬금없이 던진 이 질문에 아이들은 몹시 당황한다. 아이들만 그런 것이 아니다. 강연장에서 학부모들을 대상으로 강의하기 전에도 가장 먼저 던지는 질문이 "아이가 어떻게 되길 바라세요?"이다. 이 질문에 당황하기는 부모들도 마찬가지이다.

그런데 우리는 이런 갑작스런 질문에 바로 답할 수 있어야 한다. 우리가 어떤 행동을 하는 이유는 원하는 결과가 있기 때문이다. 어떤 결과를 바라는지 전혀 인식하지 못하고 행동하고 있다면 그 행동의 결과는 내가 원하지 않는 방향으로 나오기 쉽다. 또 원하지 않는 결과는 불행을 자초한다. 그러기에 행동하는 존재는 누구나 자신이 무엇을 원하는지 정확하게 인식한 후에 행동해야 한다.

아테네의 철학자 소크라테스는 진리를 탐구하기 위해 질문을 던지며 돌아다녔다. 돈과 지식의 풍요와 성공에 대한 집념으로 혼탁해진 아테네 시내를 누비면서, 사람들에게 끊임없이 질문을 던지며 사라져 가는 진리를 찾아내고 지키기 위해 힘썼다. 질문에 대답하는 일은 막연하게 알았던 사실이나 전혀 인지하지 못했던 진리를 깨닫게 만들기도 하고, 인간에게 가장 중요한 것이 무엇인지를 깨닫게 해 주기도 한다. 사람들은 대부분 자신이 무엇을 원하는지, 자신의 행동을 통해 무엇을 얻을지 정확하게 깨닫지 못한 상태에서 결정하고 행동하고 움직인다. 이러한 행동은 혼란을 가져오고 고통을 불러온다. 따라서 사람들은 자신이 무엇을 원하는지에 대한 질문에 정확한 답을 가지고 있어야 한다.

"어떻게 되기를 바라나요?" 라는 질문에 대부분의 사람은 잠시 당황하다가 이렇게 대답한다.

아이들이나 어른이나 남자나 여자나 답변에는 큰 차이가 없다. 우리는 모두 자신의 미래 또는 자녀들의 미래가 잘되길 바란다. 사람들은 저마다 잘되려는 목표를 가지고 있으며, 잘되려는 목표를 이루기 위해서는 그에 합당한 실천을 해야 한다고 생각한다. 그렇지만 막연하게 내뱉은 '잘'이라는 단어는 정말 애매모호하다. '잘'은 도대체 어떤 상태를 말하는 것인가?

그래서 이때 한 가지 질문이 더 필요하다.

"'잘'은 도대체 어떤 것인가요?"

마치 소크라테스가 끊임없이 질문을 하며 제자들에게 비판적 사고를 길러 주었던 것처럼 되물어야 한다.

여러분은 이 질문에 어떻게 대답할 것인가?

잘되고 싶은 것은 사실인데 어떤 게 잘되는 것인가라는 질문에 또 한 번의 갈등과 고민이 시작된다. 누구나 잘되고 싶은 것은 사실인데, '잘된다'는 것이 정확이 무엇인지 모르기 때문이다.

이 질문에 대한 대답 역시 상황과 장소에 따라 다르게 나타난다. 많은 사람들이 바라보는 공개된 장소에서 이 질문을 받았을 때 대부분의 사람들은 알고 있는 온갖 멋진 단어들을 동원해서 잘되는 게 무엇인지 그럴싸하게 표현한다.

"잘된다는 것은 행복하게 사는 것 아닐까요?", "자기가 원하는 삶을 살며 즐기는 것 아닐까요?", "스스로 만족하며 사는 삶?", "잘된다는 것은 가족끼리 행복하고 건강하게 사는 삶이죠" 등등.

각자가 말한 단어들은 의미 면에서 차이가 있겠지만, 이 대답들은 그들의 진심과는 상관없이 정답일 수 있다.

1800년대 영국의 작가이자 화가, 사회 비평가, 사회 개혁가였던 존 러스킨John Ruskin은 《나중에 온 이 사람에게도 Unto This Last》라는 책에서 "사람이 자기가 하는 일에서 행복을 얻기 위해서는 그 일을 좋아하고 그 일을 지나치게 해서는 안 되며 그 일이 성공하리라는 생각을 품고 있어야 한다는 세 가지 조건이 충족되어야 한다"고 말한다. 그의 말을 미루어 짐작건대, 그는 아마도 잘된다는 것은 '단순한 생활 속에서 꿈꾸고 이루어 가며 행복을 누리는 것'이라고 말했을 것이다.

같은 시대를 지구 반대편에서 살았던 조선 후기 실학자 다산 정약용은 복을 열복熱福과 청복淸福으로 나누었다. 다산이 말하는 열복은 세속에서 말하는 성공과 출세를 하여 부귀를 누리는 것이며, 청복은 욕심 없이 맑고 소박하게 세상을 살아가는 것이다. 즉 청복은 넉넉하지 않아도 만족하는 삶을 뜻한다. 그의 표현대로라면 "깊은 산속에 살며, 거친 옷에 짚신을 신고 맑은 못가에서 발을 씻으며, 노송에 기대어 휘파람을 불고, 악기와 책과 바둑판을 갖추어 놓고 있으며, 새와 꽃을 기르며 가끔 오는 객들과 왕래하고 소요하며 사는 소박한 삶"이 청복을 누리는 것이다. 실제로 정약용은 "세상에 열복을 얻은 사람은 아주 많지만 청복을 누리는 사람은 몇 되지 않는다. 하늘이 참으로 청복을 아끼는 것을 알겠다"라고 하여 열복보다는 청복을 더 귀하게 생각했다. 돌아가신 다산 정약용 선생을 불러 이 혼탁한 세상에서 잘된다는 것에 대해 물어본다면 아마 '큰 욕심 부리지 않고 스스로 원하는 일을 하면서 만족하는 삶'이라고 답변하실 것 같다.

동서양의 거물들이 내놓은 대답을 듣고 다시 앞의 질문으로 돌아가 보자. "잘된다는 것은 어떻게 되는 것이냐" 하는 질문에 사람들이 내놓은 다양한 답은 선인들의 말처럼 정답일 것이다. 바로 원하는 일을 하고 만족하며 행복하게 사는 것이다.

그런데 잘되는 것이 무엇인지 대답하는 사람들에게는 묘한 공통점이 있다. 말끝에 자신이 없다. 스스로 확신 없이 얼버무리거나 답변 뒤에 "아닐까요?"라며 되묻기도 한다. 자신의 경험에서 우러나온 대답이 아니라 자기계발서나 교과서에서 본 답이기 때문이다. 이런 답에는 자신의 속마음이 들어 있지 않다. 그렇다면 꾸밈없이 솔직하게 우리 마음이 정말 원하는 '잘'은 무엇일까?

정말 솔직하게 자신의 마음속을 보면서 '잘'이 무엇인지 대답해 보라고 다시 한 번 질문하면 그제야 사람들은 다른 사람의 눈치를 살피며 작은 목소리로 진심을 드러낸다. 그들의 대답은 이렇다.

"부자 되는 것입니다", "돈 많이 버는 거요", "하고 싶은 거 다 하며 사는 거요"…….

이렇게 말하고 나면 사람들은 굉장히 쑥스러워한다. 마치 자신이 속물이라도 된 것처럼 보일까 봐 부끄러워하기까지 한다. 어른들뿐만 아니라 아이들도 그렇다. 아이들은 어른들과 달리 더 솔직하게 돈 많이 버는 것이 잘되는 것이라고 말하기도 하지만. 어쨌든 돈 많이 버는 것은 대부분의 사람들이 진심으로 생각하는 '잘되는 것'이다(물론 소수의 사람들은 강하게 아니라고 반응하기도 한다).

많은 사람들은 돈을 많이 벌면 행복해질 수 있다고 믿는다. 나도 그 말에 일정 부분 동의한다. 그래서 사람들은 돈을 많이 벌 수 있는 직업을 얻기 위해 좋은 대학을 들어가려 힘쓰고, 좋은 대학에 입학하기 위해 좋은 성적을 받으려고 애쓴다.

즉, 우리나라 사람들에게 잘된다는 것은 바로 '성공'의 다른 말이라는 사실을 우리는 어렵지 않게 짐작할 수 있다. 물론 성공이라는 단어에 대해서도 이견이 많기에 따져 봐야 할 문제이기는 하지만, 우리나라 사람들이 생각하는 성공은 유명해지고, 지위가 높아지고, 돈을 많이 버는 것이며, 그렇게 성공하고 나면 행복해진다고 믿고 있다.

교육에 임하는 대한민국 사람들에게는 성공이 행복에 우선한다. 일단 성공하고 나면 행복해질 수 있다고 믿는 것이다. 그런데 사람들은 다른 사람들 앞에서 이야기할 때 성공이라는 단어를 뒤에 감추고 행복이라는 단어를 내세워 이야기한다. 일단 성공해야 행복할 수 있는 것이라 굳게 믿고 있으면서도 행복을 운운한다. 그렇기 때문에 잘되는 것이 무엇이냐는 질문에 행복이라고 대답하고도 확신이 없어 말끝을 흐린다.

성공하는 것과 행복해지는 것 사이에 연관성이 없을 수는 없다. 하지만 성공을 하면 무조건 행복해질 수 있다고 생각하는 것이나 성공하지 못하면 행복할 수 없다는 생각은 우리 사회를 불행으로 빠트릴 수 있는 위험한 생각이다. 이런 생각은 경쟁에서 지는 순간 성공에서 멀어지고, 성공하지 못하면 행복할 수 없다고 생각하게 하여 많은 사람들에게 시작부터 열패감을 안겨 주기 때문이다.

또 잘되는 것이 성공하는 것이라 믿으면 막상 자신이나 아이가 성공에 도달할 만하지 못하다고 생각될 때 조바심이 들기 시작한다. 그리고 자신의 아이가 사회적인 성공을 할 수 있도록 돕기 위해 다양한 행동을 한다. 공부를 하지 않거나 노력을 하지 않을 때, 우리 아이 성적이 다른 집 아이와 비교해서 떨어질 때 부모들은 어떻게 행동할까? 행복을 정말 원한다면 과연 저렇게 할 수 있을까 싶을 정도의 일을 의외로 많은 부모들이 벌인다.

많은 사람들은 자신의 인생이 잘되기를 원하고, 잘되는 것은 돈을 많이 버는 것이라고 믿는다. 돈을 많이 벌면 행복해질 수 있다고 믿는 것이다.

무엇을 위한 푸닥거리인가?
: 50대 가장 A의 이야기

아이가 행복한 게 최고라고 말하는 부모들이 점점 늘어나고 있다. 성공만을 강요하는 부모가 많은 것보다 긍정적인 현상이다. 그런데 아이의 행복을 바란다고 말하는 부모들은 정작 어떻게 행동하고 있을까? 많은 부모들이 그들의 입으로 말한 것처럼 정말 아이들의 행복이 최우선인 교육과 육아를 하고 있을까? 가장 행복해야 할 요람이자 성지인 가정에서 실제로 무슨 일이 벌어지고 있는지 한번 들여다보자. 이 이야기는 실화를 바탕으로 꾸민 이야기이다.

"삐비빅빅 삐비비비!"
익숙한 도어록 소리와 함께 현관문이 여닫히는 소리가 들린다.

도어록 비밀번호를 누르는 손이 빠른 것을 보니 둘째 녀석이 들어온 모양이다.

"다녀왔습니다."

"쿵! 쾅!"

방문이 열리고 닫히는 소리와 함께 묻혀 버린 힘 빠진 귀가 인사를 남긴 채 아이는 제 방으로 쑥 들어갔다.

2분쯤 흘렀을까?

"너 지금 뭐 하는 거야? 또 스마트폰이야?"

둘째 아이 방에서 이내 아내의 목소리가 들리기 시작했다. 아이가 오기만을 기다리며 거실에 있던 아내가 아이 방으로 들어가 걱정을 늘어놓는 모양이다.

"……"

그러나 아이는 오늘도 아무런 대꾸가 없다.

"엄마 말이 안 들려? 얼른 씻고 공부 좀 하다 자야지. 만날 스마트폰만 들여다보면 어떡하니?"

늘 같은 소리를 하는 아내의 목소리에는 짜증이 묻어났다.

"뭘 만날 봐. 지금 잠깐 하는 건데."

드디어 아이의 퉁명스런 말대꾸가 시작된다. 더는 엄마의 잔소리를 참기 힘들었던 모양이다.

"이게 어디다 말대꾸야?"

"아 좀! 그냥 둬. 피곤하다고. 아들이 하루 종일 공부하다 들어

와서 지금 피곤해요, 어머니. 오늘은 잔소리 사양입니다."

넉살 좋게 받아치는 아이 목소리에도 짜증이 묻어 있다.

"내가 너한테 이만한 소리도 못 하니?"

아내도 물러서지 않는다.

"제발 엄마. 그만해."

밤 11시 반이 돼서야 집에 돌아온 아이는 짧게나마 엄마와 이렇게 신고식을 치르고 화장실로 들어간다. 아내는 한숨을 내쉬고 거실로 돌아와 소파에 철퍼덕 앉아 버린다.

그러고는 이내 남편을 볶기 시작한다.

"애한테 뭐라고 좀 해요. 공부를 너무 안 해요. 저러다가 어떻게 하려는지 모르겠다니까요. 남의 집 애들은 밤을 새워 공부한다는데, 쟤는 학교에서 돌아와 가방만 던져 놓으면 끝이에요. 만날 스마트폰만 들여다보고, 저놈의 스마트폰을 확 없애 버리든가 해야지. 속상해 죽겠네, 정말."

하루 종일 힘들었을 아이를 생각해 좀 참아 주면 좋으련만 그걸 못 참고 보자마자 잔소리하는 아내도 마음에 들지 않고, 그저 자기 잘되길 바라는 마음으로 노심초사하는 엄마 마음을 알 법도 한데 그걸 못 참는 녀석도 마음에 안 찬다.

이러지도 저러지도 못하고 마냥 지켜보는 A의 마음도 녹아내리기는 마찬가지이다. 아내 편을 들어 아이를 혼내자니 늦게까지 공부한답시고 학교에 감금되어 있다가 이제야 귀가한 아들 녀석이 안쓰럽고, 아이 공부에 희망을 걸고 있는 것은 아내나 A나 같은 마음이라 아내의 의견에 반기를 들 수도 없다.

갑자기 집안 공기만 무거워진다. 할 말이 없어진 A는 묵묵부답 TV만 바라본다.

다음 날 아침 6시 30분, 집안은 다시 분주해진다.

아내는 식구들보다 30분은 먼저 일어나 분주하게 움직이며 식사 준비를 하는 사이사이 아이 둘을 깨우러 다니기 바쁘다. 6시 30분부터 알람이 여러 번 울렸다 멈추었지만 침대를 벗어나기 싫은 아이는 이불을 칭칭 휘감으며 "아, 조금만" 하는 소리만 낸다.

"학교 가기 싫다", "빨리 일어나 씻고 밥 먹고 학교 가", "5분만, 5분만", "늦는다니까! 빨리 일어나"…… 몇 번 큰 소리가 오고 가는 사이 아이는 일어났지만 씻고 입고 가방 챙기느라 밥 먹을 새가 없다.

아이에게 밥 몇 술 뜨게 하느라고 출근해야 하는 A는 차를 대기하고 아들을 기다린다. 밥은 먹는 둥 마는 둥 하면서도 스마트폰에서 눈을 떼지 못하는 아이는 엄마에게 또 잔소리를 들어야만 한다. 스마트폰을 정말 없앴으면 좋겠다는 아내의 말에 남편은 동감해 주고 싶다.

이 사례는 가상의 이야기이지만, 아마 중고생을 키우는 가정에서 대부분 비슷하게 겪는 일상일 것이다. 대한민국 사람이라면, 초등학교에 들어가서부터 대학교에 입학할 때까지 매일 아침마다 이런 푸닥거리를 하며 살았을지도 모른다.

　원래 '푸닥거리'란 귀신에 의해 걸린 병을 치료하려고 무당이나 가정의 주부, 혹은 동네에서 이를 잘 아는 할머니들이 하는 무속 의례를 말하는데, 대한민국 부모들이 하는 푸닥거리도 공부 안 하는 병에 걸린 아이들을 치료해서 대학에 가게 하려고 아침저녁으로 하는 행동이니 푸닥거리가 맞다. 그런데 푸닥거리로 과연 부모가 원하는 결과를 얻을 수 있을까? 날마다 푸닥거리를 하는 가정에서 아이는 행복할 수 있을까? 정말 우리는 아이가 행복하길 바라기는 하는 걸까?

푸념은 입버릇이 되고

푸념1

아이가 잘되길 바라는 마음은 어느 부모나 같다. 그런데 이런 부모의 마음속이 걱정들로 가득하다. 저러다 잘못되면 어쩌나, 저러다 실수하면 어쩌나, 남의 집 아이들은 모두 잘나가는 것 같은데 우리 애들만 제자리걸음인 건 아닌가……. 늘 속이 타고 답답하기 짝이 없다.

옆자리 동기는 작년에 큰아이를 서울대학교에 합격시켰고, 고등학교 동창은 이번에 아들이 경찰대학교에 합격해서 등록금이 안 든다고 자랑을 한다. 이웃집 아이는 의과대학 2학년에 다니고 있고 지난 학기에는 장학금까지 받았다는데 우리 집 애는 그저 그런 대학에 다니면서 뭘 열심히 하는 것 같지도 않으니 참 갑갑하다. 아니, 갑갑하다는 표현으로는 걱정스러운 부모의 마음을 10분의 1도 대변할 수 없다. 문자 그대로 '미치고 팔짝 뛸' 노릇이다.

사랑한다, 사랑한다, 입으로 수백 번 주문을 걸어 보지만 무기력하게 스마트폰 게임에 빠져 앉아 있는 아이를 보는 순간 사랑이라는 단어는 흔적도 없이 날아가 버린다. "곁에 있어 주는 것만으로도 고맙다. 나는 네가 행복하기만을 바란다"라고 말해 보려 하지만 막상 게임이나 하면서 헤죽거리며 시간을 낭비하고 있는 (것처럼 보이는) 아이의 모습을 보면 울화가 치밀어 오른다. '언젠간 알아서 하겠지' 하며 꾹꾹 눌러 참으면서 도를 닦는 보살이 되어 보려 하지만 해가 중천에 떠오르기까지 이부자리를 벗어나지 못하는 아이를 보면 당장이라도 집을 뛰쳐나가 버리고 싶은 욕망에 사로잡히고 만다.

푸념2

아이의 행동에 화가 머리끝까지 오른 부모들은 답답한 마음 누를 길이 없어 담임 선생님을 찾아 상담을 신청하기도 한다.

"선생님, 어쩌면 좋죠? 우리 애를 저도 어찌 할 수가 없네요."

"예, 어머님. 걱정이 많으시지요? 저도 아이를 키우다 보니 어머님의 마음이 이해가 됩니다. 지금 아이와 어떤 부분이 가장 힘드신지 먼저 말씀해 주시겠습니까?"

"애가 공부를 정말 안 해요. 집에 오면 스마트폰만 끼고 있다니까요. 제가 보고 있다가 뭐라고 한마디라도 하면 집을 나가서 밤늦도록 돌아다니다가 새벽에나 들어옵니다. 거기다가 주말엔 아르바이트를 한다고 저 난리니 어떻게 하면 될까요?"

"아, 정말 속상하시겠네요. 그래도 주말에 아르바이트를 한다니 저는 마음이 조금 놓이는데요. 아무것도 안 하는 것보다는 아르바이트라도 하니 다행이라고 생각합니다."

"예, 애먼 짓 하는 것보다야 좋다고 볼 수도 있지요. 그래도 공부를 해야 하지 않겠어요? 하라는 공부는 안 하고 아르바이트를 하더니…… 이제는 자퇴를 하고 싶대요. 검정고시를 봐서 고등학교 졸업장만 딴다고 하고요. 아이 아버지는 당연히 완강히 반대하고요. 저는 중간에서 어쩔 줄 몰라 난감하기만 합니다."

애써 미소를 짓고 있지만 걱정이 가득한 얼굴로 말씀하시는 어머니에게 아이의 담임은 질문을 던진다.

"그러면 어머님께서는 아이가 어떻게 하면 좋으시겠어요?"

이때 어머니의 대답은 무엇일까? 아마도 십중팔구 이럴 것이다.

"그래도 공부는 해야 하지 않을까요? 대학은 가야 하잖아요?"

부모들은 대개 아이가 할 가능성이 전혀 없는 행동을 원한다. 성적이 하위권을 벗어날 줄 모르고 공부에는 취미도 재능도 없는 아이의 현실을 보면서도, 부모는 '좋은 성적'만을 바라는 것이다.

부모들이 늘어놓는 푸념은 대부분 비슷하다. 자신을 향한 부모의 염려와 걱정을 '푸념'이라고 치부하기에는 조금 미안한 마음이지만, 그래도 '푸념'이 맞다.

부모들은 이왕이면 아이가 잘될 수 있는 행동을 하길 바란다. 그런 마음에 아이에게 잔소리도 하고 푸념도 늘어놓는다. 그리고 대개는 부모 자신들의 걱정과 염려와 바람에 아랑곳하지 않고 제멋대로 행동하는 아이에게 문제의 원인이 있다고 생각한다. 불안감에 휩싸인 채 해결되지도 않는 푸념으로 아이가 변화하기를 바라는 부모의 마음은 다 이런 사고에서 비롯된다.

푸념3

부모와 아이 간의 불협화음에 대해 이런 이야기도 들은 적이 있다.

아이들과 함께 중국집에서 짜장면을 먹던 날이었다. 옆 테이블에 40대 초반쯤으로 보이는 두 남자가 이른 저녁부터 소주잔을 기울이고 있었다. 두 사람은 술이 거나했는지 목소리가 높아져서 대화 소리가 우리 테이블까지 고스란히 전해졌다.

두 사내 중 한 남자가 말했다.

"형님, 난 우리 집 큰애 때문에 아주 미치겠어요. 밥상에 앉아서도 스마트폰만 들여다보기에 전화기 좀 그만 보고 밥 먹으라고 했더니 짜증을 내는 게 아니겠어요? 그래서 그럴 거면 밥 먹지 말라고 했더니 그 자리에서 벌떡 일어나 제 방으로 가 버리지 뭡니까? 버릇도 없고, 말도 안 듣고. 이걸 어떡해야 해요?"

맞은편에 앉은 남자는 그 말을 듣더니 소주를 한 잔 들이켜고는 말했다.

"요즘 애들 다 그래. 우리 집 애도 똑같아. 공부랑은 담을 쌓고, 하루 종일 친구들과 전화로 쑥덕거리는 게 다야. 이젠 매를 대도 소용없어. 머리 컸다고 막 덤벼들어."

앞자리의 남자는 말을 하다가 갑자기 무슨 생각이 났는지 소주를 연거푸 한 잔 더 마시고는 말을 이었다.

"지난번엔 글쎄, 무슨 래퍼라고 텔레비전에 나와서 노래를 하는데 우리 큰딸이 따라 부르고 있는 거야. 미친 듯이. 하도 이해가 안 돼서 내가 '야 저딴 것도 노래냐?' 그 한마디 했다가 애가 울며불며 대드는데, 이건 말이 안 통하더라고. 가수가 우상이야 우상."

"맞아요 형님. 요즘 애들, 아이돌 스타에 빠지면요, 지 아비 어미는 보이지도 않아요. 어쩌려고 이러는지 모르겠어요. 우리가 저희들 원하는 거 안 해 준 게 도대체 뭐 있다고 저러는지 원."

중년 아버지들의 대화를 듣고 있자니 내 마음도 같이 갑갑해졌다. 아버지들의 푸념도 어머니들의 푸념과 크게 다르지 않았다. 자식 걱정을 하고 있는 것처럼 보이지만, 결국은 자식 걱정이 아니라 자녀들이 자신의 뜻대로, 원하는 대로 행동하지 않는 것에 대한 원망을 토로하고 있었기 때문이다.

그런데 이런 푸념과 원망으로 아이들을 교정할 수 있을까? 이같은 푸념과 잔소리가 아이들을 부모로부터 더욱 멀리 떨어뜨리고 있다는 것을 부모는 알고 있을까?

 스마트폰만 한다느니 공부를 열심히 하지 않는다느니 잠만 자고 게으르다느니 부모 말은 전혀 듣지 않는다느니 하는 부모의 푸념들이 오히려 아이들의 이 같은 행동을 부채질한다는 사실을 부모 당사자들만 모르고 있는 것은 아닌지 한 번쯤 진지하게 생각해 보라고 말씀드리고 싶다.

 지금까지 수많은 푸념을 들어 봤지만 푸념으로 아이들의 문제를 해결했다는 사례는 들어 보지 못했다. 아이들의 변화를 위해 부모는 나름대로 푸닥거리를 해 보지만, 이 역시 아이들 문제도 부모들의 문제도 해결했다는 소리를 듣지 못했다. 푸닥거리나 푸념으로는 아이들이 잘되게 할 수 없다는 것이다. 푸닥거리나 푸념은 아이들의 행동을 더 소극적으로 만들고 능동적인 행동을 막기 때문에, 오히려 아이가 발전할 가능성을 점점 줄어들게 만든다. 푸념과 푸닥거리를 더 많이 하면 할수록 아이들은 잘될 수가 없다. 부모들과 거리만 더 멀어질 뿐이다. 그럼에도 다른 방법을 찾지 못한 부모들은 여전히 푸념으로 일관된 행동을 한다. 마치 '마침' 기능이 없는 플레이어처럼 끝없이 같은 행동을 반복할 뿐이다.

아이가 원하는 상태로 가야 미래가 행복하다

부모가 푸념을 자주 하더라도 아이들이 잘되기를 바라는 부모의 마음을 뭐라 할 수는 없다. 자녀의 잘됨을 바라는 마음만은 옳은 것이기에 그렇다. 그렇다고 푸념을 마냥 인정하고 받아들일 수만은 없다. '푸념'과 '푸닥거리'는 부모의 의도와는 상관없이 아이를 망치게 될 테니 말이다.

그런데도 부모들이 자녀 교육의 새로운 방법을 찾지 못하고 전혀 도움이 안 되는 푸념을 달고 사는 이유는 무엇일까? 그것은 자식 잘되기를 바라는 부모들이 행복과 성공에 대한 공식을 잘못 세우고 있기 때문이다. 부모는 아이들이 열심히 공부하고 부모가 시키는 대로만 행동하면 미래에 성공하고 행복도 자연스레 따라올 것이라 믿고 있다. 그래서 책상 앞에 앉아 공부하는 시간이 많은 아이가 성공할 것이고 그 성공이 행복을 가져다준다고 믿는다. 그리고 이를 위해 아이들에게 많은 공부를 시키고, 잔소리를 해야 한다고 믿는다. 일반적으로 부모들이 생각하는 행복과 성공에 대한 공식은 이렇게 표현할 수 있다.

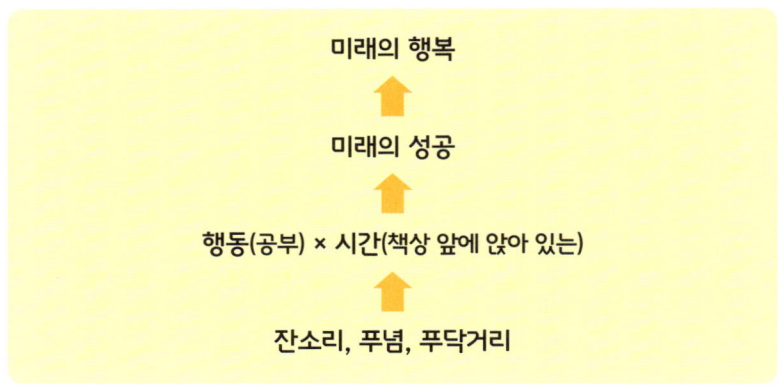

이 공식은 '미래의 행복은 미래의 성공이 가져다주며, 이를 위해 아이들은 오랜 시간 책상 앞에 앉아서 공부해야 한다'는 뜻이다. 그래서 부모들은 미래에 올지도 모를 성공과 그 미래의 성공으로 얻어 낼지도 모르는 미래의 행복을 위해 자신이 할 수 있는 온갖 수단을 동원해서 현재의 행동을 이끌어 낼 수 있는 잔소리와 푸념과 푸닥거리를 늘어놓고 있다. 당시는 고통스러워도 언젠가는 약이 될 잔소리를 들어 가며 책상 앞에 앉아 있는 시간이 늘어난 아이는 잘될 것이라고 굳게 믿고 있는 것이다. 지금은 고통스럽게라도 공부해야 한다고, 일단 고통스럽게라도 공부해서 성공하면 그다음에는 행복해질 테니까 고통쯤은 참을 수 있다고 아이들을 다독인다. 성공을 위해 잠시 행복을 접어 두라고 설득한다. 지금 당장 쓸데없는 일을 하며 행복하면 미래의 성공은 날아가 버린다고 믿기 때문이다.

이런 부모들에게 구세주와도 같은 명언이 있다.
"젊어 고생은 사서도 한다."
이 속담은 영어권에도 있고(고통 없이는 얻는 것도 없다 No pains No gains), 사자성어(고진감래 苦盡甘來)로도 전해진다.

동서양을 막론하고 고금을 무론하고 부모들의 푸념과 잔소리에 정당성을 부여하는 명언이 존재하니 부모들은 자신의 잔소리, 푸념이 옳다고 확신에 찰 만도 하다. 현재의 고통이 더 나은 미래를 만들어 낸다고 믿는 부모들의 믿음에 휘발유를 끼얹은 셈이라고 할까……. 부모들은 현재 아이들이 겪고 있는 고통이 얼마나 큰지 모르는 것이 아니다. 단지 참아 내고 견뎌 내면 미래의 성공과 그에 따른 행복이 올 것이기에 감내해야 한다고 믿을 뿐이다.

그러나 위 속담을 다시 한 번 곱씹어 보자.
"젊어 고생은 사서도 한다"는 이 말이 효능을 발휘하려면 '젊어 고생'이라는 부분보다 '사서라도 해야 한다'는 부분이 더 중요하다. 고생이 필요한 것은 맞지만, 그 고생이 효능을 발휘하려면 스스로 그 고생을 선택하고 받아들여야만 가능함을 강조하고 있기 때문이다. 그런데 고생을 스스로 선택하게 하지 않고 부모가 자녀를 독려하는 수단으로 사용한다면, 이것을 사서 하는 고생이라고 할 수 있을까? 고생을 강요당하는 사람이 과연 행복할 수 있을까? 이것이야말로 강제로 집행하는 '생고생'에 지나지 않을 것이다.

고생을 강요당하면서 공부하는 아이가 성공할 수 있으리라고 생각한다며 오산이다. 이런 식으로는 아이들에게 긍정의 효과를 불러오기 어렵다. 젊은이들이 스스로 하는 고생이 아니라 부모에 의해 훈화처럼 강요되는 고생은 실패로 끝날 확률이 높다.

또 한 가지, "젊어 고생은 사서도 한다"는 이 말에서 '젊다'는 것은 언제까지를 말하는 것일까? 학창 시절만을 말하는 것이라면 초·중·고·대학을 다닐 동안에만 고통을 참아 내면 고생 끝 행복 시작인 인생이 펼쳐져야 한다. 적어도 20대 후반이면 모든 고통이 끝나야 한다. 그런데 실제 대한민국 청년들의 삶은 어떤가?

경제적인 독립을 이루고 사회 구성원으로 오롯이 자리 잡기 위해서는 20대가 아니라 30대, 아니면 그 이상의 세월이 필요할 수도 있다. 젊어 고생을 받아들이며 살아가는 대한민국의 젊은이는 그 이후로도 아주 오랫동안 고통과 인내의 시간을 보내야 한다.

오늘날은 60대도 중년에 속하는 시대이다. 그래서 60대임에도 자신이 여전히 젊다고 생각하는 사람이 많다. 그래서일까? 대한민국의 50~60대는 "젊어 고생은 사서도 한다"는 말에 떠밀려 여전히 고통 속에 사는 것을 자연스럽게 받아들인다.

젊은 청춘뿐 아니라 늙은 청춘들까지 얼마나 더 많은 고통 속에서 초능력을 짜내야 하기에, 청춘들의 고통을 긍정의 수사 속에 가두어 두려는 것인가? 우리는 마치 청춘이기에 겪어야 할 고통이 당연한 것처럼 아이들의 고통을 너무 정당화하고 있는 것은 아닌지 자문해 볼 필요가 있다. 청춘의 표상이 고통이라면 도대체 언제까지가 청춘인 것이며, 언제까지 고통을 받아야 할까? 아마도 늙어 죽기 전까지는 이 고생의 끝을 보지 못할지도 모른다.

이제는 정정당당하게 아니라고 외칠 필요가 있다. '젊어 고생은 사서도 한다', '고통 없이는 얻는 것도 없다', '고진감래'라는 말은 젊은이에게 고통을 요구하는 정당한 근거가 될 수 없다. 우리 사회가 만들어 놓은 성공에 대한 잘못된 공식이 기성세대와 젊은이들을 고통으로 밀어 넣고 있음을 직시할 필요가 있다. 미래의 성공만을 성공이라고 보는 기성세대들의 성공 공식은 잘못되었다. 그 공식을 바로잡지 않으면 우리가 어떤 노력을 해도 아이들은 '제대로' 잘될 수 없다.

그렇다면 젊어 고생을 사서 하지 않아도 행복한 성공을 할 수 있을까? 이 질문에 답하기 위해 "잘된다는 것은 무엇인가?"라는 질문으로 다시 돌아가야 한다. 우리 모두는 현재 상태에 있다. 현재 상태에서 어디로 가는 것이 잘되는 것일까? 우리는 모두 **잘되기 위해 현재 상태에서 어디로 가고 있는가?**

"당신은 지금 어디로 가고 있나요?"

이 질문에 대한 답은 대부분 정해져 있다.

"미래로."

사람들은 잘되는 것이 미래로 가는 것이라고 믿고 있다. 왜 그럴까? 그들이 생각하는 미래는 현재보다 경제적·사회적으로 더 발전된 상태이며, 희망적이기 때문이다.

정말 미래는 희망적이기만 할까? 나는 아니라고 말하고 싶다. 미래는 그냥 시간의 흐름 속에 다가오는 하나의 순간일 뿐이다. 아무것도 하지 않아도 미래는 온다. 누구에게나 미래는 어김없이 온다. 다만 현재 삶의 결과가 미래에 반영될 뿐이다. 현재 과식을 하고 운동을 하지 않는 사람은 미래에 과체중이라는 결과를, 과도한 음주와 흡연을 하는 사람은 병원에서 미래를, 참는 게 미덕인 줄 알고 살아가는 사람은 억울한 미래를 맞이 할 것이다.

미래로 간다고 말하는 사람들은 시작부터 불안해질 수밖에 없다. 미래는 보이지 않으며, 불투명하다. 특히 미래에 무언가를 얻어 내야 한다는 목표 의식에 따라 부여된 과중한 의무감이나 사명감이 있을 때 미래는 더욱 불안해진다. 사실 미래는 마치 등불조차 없이 깜깜한 동굴에 던져진 느낌을 주는 말이다. 더구나 급변하는 4차 산업혁명의 시대에 시시각각으로 변화하는 미래를 대비해야 하는 현대인에게 미래는 언제나 긱 경제(Gig Economy: 산업 현장에서 필요에 따라 계약직, 임시직, 프리랜서 등으로 사람을 고용해 일을 맡기는 근로 형태가 확산되는 경제 현상) 시대를 맞이한 노동자의 불안을 동반하고 있다.

우리가 가야 하는 곳은 미래가 아니다. 미래가 아니라면 우리는 어디로 가야 하는 것일까? 바로 '현재 상태'에서 미래로 가는 것이 아니라 '원하는 상태'로 가야 한다. 시간의 흐름 속에 막연히 나를 맡기고 가는 미래가 아니라, 스스로 미래를 설계하고 자신이 해야 할 일을 계획해서 자신이 원하는 상태로 가야 하는 것이다.

사람은 누구나 현재 상태에서 자신이 원하는 상태로 가는 과정에서 행복을 느낀다. 타인에 의해 강요된 미래가 아닌 자신이 원하는 상태로 나아가려는 사람들은 고생을 하면서도 즐거워하고, 고난을 겪으면서도 행복해한다. 자신이 원하는 길을 가면서 힘든 일을 해내는 것을 고통이라 하지 않는다. 축구를 좋아하는 아이는 힘겹게 한 시간을 뛰는 고통스러운 일을 하면서도 힘든 줄을 모른다. 그 시간이 아이에게는 기쁨이고 즐거움이기 때문이다. 그러나 축구를 싫어하는 아이에게 그 한 시간은 고통 중의 고통이 될 것이다. 좋아하는 일을 하는 사람에게 스스로 선택한 고생은 고통이 아니다. 오히려 문제를 해결해 나가는 낱낱의 과정이 하나하나 모두 알찬 여행이며 보람 있는 일이 되고 기쁨이 된다. 결국 잘된다는 것은 현재 상태에서 원하는 상태로 가기 위해 행동하는 것이다. 꼭 무엇이 되지 않더라도, 현재 행동하는 과정에서 누리는 고생이 행복하기에 즐겁고 만족스럽다.

  많은 부모들이 아이가 잘되기를 바란다면서 아이들이 원하는 상태로 가는 것을 막고 있다면 그것은 아이를 불행과 고통으로 안내하는 꼴이다. 이는 부모들의 삶까지도 송두리째 불행과 고통으로 떨어트린다. 이런 어리석음에 빠지지 않도록 행복에 대한 개념과 가치를 마음속에 바로 세워야 할 것이다.

우리는 과연 행복한 길로 가고 있는 것일까?

1장: '행복한 성공'을 해야 진정한 성공이다

기다리기만 하면 마시멜로가 두 배가 될까?
: 행복한 성공에 대한 새로운 공식

    자라나는 우리 아이들의 삶과 그 아이들을 키우는 부모들의 삶이 불행과 고통에서 벗어나려면 우리 사회가 '고통을 겪으며 노력해야 성공하고 또 성공해야 행복할 수 있다'는 틀에 박힌 공식에서 어서 빨리 벗어나야 한다. 고통을 강요하는 잘못된 성공 공식에서 벗어나 우리 사회에 새로운 성공의 공식을 바로 세워야 한다.

    성공에 대한 새로운 공식을 세우기 위해 가장 먼저 해야 할 일은 **성공과 행복의 일원화**이다. 우리는 이제까지 성공과 행복을 분리해서 인식해 왔다. 성공이 가장 먼저이고 행복은 성공 뒤로 미루어 온 것이다. 그러나 행복과 성공을 분리해서 생각하는 순간 우리는 고통과 불행을 맛보기 시작한다. 행복과 성공은 동시에 이루어져야 한다. 성공이 곧 행복이어야 하고 행복이 곧 성공이어야 한다. 일단 성공을 하고 나면 행복해질 것이라는 막연한 생각으로부터 벗어나야 한다. 따라서 아이들이 잘된다는 것은 '행복한 성공'이어야 한다.

우리 사회는 성공을 현재의 성공이라고 생각하지 않는다. 미래에 무엇이 되었을 때 비로소 성공했다고 생각한다. 미래에 무엇이 되고 나면, 또는 유명해지고 나면, 또는 어떤 높은 자리에 올라서면 성공한 것이라고 비로소 평가한다. 돈을 잘 벌고 영향력을 가질 수 있는 안정적인 직업을 갖는 것을 성공이라 믿으며, 그런 직업과 위치를 차지하기 위해 목표를 세우고, 그 목표를 이루기 위해서 현재의 고통을 참아 가며 노력해야 한다고 믿고 있다. 그렇기에 그런 성공의 자리에 오르기까지 참고 또 참으라고 말하는 것이다. 목적을 세워 놓고 목적을 위해 모든 것을 참아 내는 '목적이 이끄는 삶'을 너무나 당연하게 받아들인다. 그러다 보니 현재의 소소한 성공에는 가치를 두지 않는다. 현재에 이루는 작은 성공들은 가치가 없는 것이고, 현재의 소소한 행복은 의미가 없는 것이라는 잘못된 생각이 우리를 지배하고 있는 것이다. 이제 새로운 성공과 행복의 기준을 세울 때이다. 새로운 성공의 공식은 현재의 성공을 받아들이는 것부터 시작해야 한다.

현재 주어진 한 개의 마시멜로를 먹지 않고 일정 시간 참으면 더 많은 마시멜로를 준다는 '마시멜로 실험'은 이제 그만두어야 한다. 미래에 얻을 더 많은 마시멜로를 위해 현재의 적은 마시멜로를 참는 일이 본인의 의지에 따른 것이라면 그것도 행복으로 인정할 수 있다. 그러나 이 기다림이 누군가에 의해 강요된 것이라면 그 고통은 아이에게 마시멜로에 대한 안 좋은 기억을 갖게 할 것이며, 이를 강요한 당사자에게 증오심을 품게 만들 것이다. 더구나 현실 사회에서는 실험에서처럼 기다린다고 해서 마시멜로가 더 주어지지 않는다. 언제까지 아이들에게 주어지지 않을지도 모르는 마시멜로를 참으며 기다리라고 할 것인가? 기다리는 동안 다른 아이가 와서 먹어 버리면 그 실망감은 어떻게 보상할 것인가?

이제 마시멜로 이야기는 바뀌어야 한다. 아이들에게 현재 주어진 마시멜로를 맛있게 먹고 행동하도록 해야 한다. 눈앞에 있는 마시멜로를 먹고 난 뒤 마시멜로의 느낌을 말하게 하고, 그 마시멜로가 자신에게 주어진 것에 감사하게 해야 한다. 마시멜로를 먹고 난 좋은 경험을 바탕으로 힘을 내서 또 다른 마시멜로를 찾아 나서게 해야 한다. 한 개의 마시멜로를 참아 더 많은 마시멜로를 얻는 것이 성공이라는 공식을 이제는 지워야 한다. 주어진 한 개의 마시멜로를 맛있게 먹고, 또 다른 행동을 스스로 하는 것이 새로운 성공의 시작임을 알게 해야 한다. 작은 행동들을 지지하고 그 행동들을 통해서 많은 경험을 하게 해 주어야 한다. 때론 실패하더라도 또다시 시작하면 실패가 아님을 알게 하는 것이 무엇보다 중요하다.

현실 사회에서는 실험에서처럼 기다린다고 해서 마시멜로가 더 주어지지 않는다. 언제까지 아이들에게 주어지지 않을지도 모르는 마시멜로를 참으며 기다리라고 할 것인가?

사람들은 행동의 성공에 대해 가볍게 생각한다. 그러나 행동이 반복된 시간들이 모여 성공을 이루는 것이기에 작고 사소한 행동들을 간과해서는 안 된다.

행복한 성공의 공식을 만들기 위해 또 한 가지 질문을 해 보고자 한다.

"우리는 이제까지 살아오면서 성공을 많이 했을까? 아니면 실패를 더 많이 했을까?"

당연히 사람들은 실패의 경험이 더 많다고 이야기한다. 그런데 과연 그럴까? 사실은 전혀 아니다.

사람은 성공의 경험을 더 많이 하고 산다. 그런데 왜 실패의 경험이 더 많다고 기억할까? 그것은 실패의 기억을 더 많이 갖고 있기 때문이다. 소소한 성공의 경험에 대해 사람들은 기억하지 않는다. 그러나 수많은 성공의 경험 도중에 저지른 작은 실패나 실수는 또렷이 기억하고 있는 것이다.

예를 들어 보자. 사람들은 하루 종일 걷는 행동과 넘어지는 행동 중에 어떤 행동을 더 많이 할까? 당연히 걷는 행동을 더 많이 한다. 사람은 일반적으로 하루에 약 6천 보를 걷는다고 한다. 이때 어쩌다 한 번쯤은 넘어질 수 있는데, 그 사실이 보통 사람들에게는 충격으로 기억된다. 하루 6천 번의 걸음 중에 성공적으로 잘 걸었던 5,999번은 성공으로 기억하지 않으면서 한 번 넘어진 걸음은 실패라고 기억한다. 그러면서 실패의 경험을 기억 속에 오래 남겨 두고 자책한다. 자책이 깊어지면 다음에 그 행동을 다시 할 때 자신감이 떨어진다. 꼭 걷는 일만 그런 것이 아니다. 공부하는 일, 음식 하는 일, 말하는 일, 가르치는 일, 노래하는 일. 어떤 일에서도 우리는 실패보다 성공을 더 많이 한다.

노래를 잘 부르는 사람이 노래 한 곡을 다 부르기까지 이탈음을 얼마나 낼까? 한두 번 정도일 것이다. 그렇지만 그 한두 번이 그에게는 매우 큰 부담으로 느껴진다. 그래서 사람들은 실패의 기억을 오래 간직해 두었다가 자신은 실패를 많이 했다고 평가하는 것이다.

사람은 좋은 기억, 성공의 기억을 많이 가진 행동을 반복하게 되어 있다. 그리고 행동의 반복 속에서 교육의 효과가 일어나며 점진적인 발전을 이끌어 낸다.

《마음의 생태학 Steps to an Ecology of Mind》을 쓴 그레고리 베이트슨 Gregory Bateson이 제창한 학습과 커뮤니케이션에서 말하는 신경논리적 단계(뉴로로지컬 레벨 Neurological Levels)에 따르면 학습을 통해 변화하는 사람의 의식은 6단계로 나누어 볼 수 있다.

환경 - 행동 - 능력 - 신념과 가치관 - 자기 인식 - 영성

신경논리적으로 볼 때 하위 단계는 상위 단계에 영향을 준다. **환경**은 사람에게 외적 기회와 한계들을 제공하여 스스로 인식하고 반응할 기회를 준다. 그러나 같은 환경이 주어진다고 해서 같은 행동을 하는 것은 아니다. 사람은 누구나 주어진 환경에 적응하고 때로는 극복하며 살아가는데, 이 과정에서 생존에 적합한 행동을 한다. 그리고 어떤 행동이든지 행동을 반복하면서 능력을 갖는다. 이왕이면 좋아하는 행동을 해야 반복할 수 있고, **능력**을 갖기에 수월하다. 어떤 일에 능력이 생기면 자신에 대한 신념과 가치관을 갖게 된다. 이 신념과 가치관이 자신에 대한 믿음, 곧 자신감이다. 자신감이 생기면 이것은 다시 자기 인식에 영향을 준다. 자기 인식은 자아 정체성 또는 자기 효능감 그리고 자아 존중감을 말한다. 이 부분에 대해서는 3장에서 다시 이야기할 것이다. 마지막으로 자기 인식은 영성에 관계된 도덕적 가치가 부여된 일을 하게 만든다.

신경논리적으로 사람의 의식 단계는 이렇게 하위 단계에서 상위 단계로 가면서 발전한다고 한다. 또 반대로 상위 단계도 하위 단계에 영향을 주는데, 특히 상위 단계가 바뀌면 하위 단계는 수월하게 바꿀 수 있다고 한다.

성공하면 행복해지고 미래에 성공하기 위해서는 현재의 고통을 참아 내야 한다는 우리 사회의 성공 공식을 바꾸기 위해, 나는 그레고리 베이트슨의 신경논리적 단계를 활용해 보려고 한다. 신경논리적 단계에 따르면 작은 행동은 결국 성공으로 가기 위한 시작이다. 잘되길 원한다면 원하는 행동을 반복해야 한다. 행복한 성공을 위해서는 자신을 행복하게 하는 성공한 행동의 기억을 많이 가져야 한다. 성공한 행동의 기억은 자신을 자랑스럽게 하기 때문에 그 행동을 자주 반복하게 만든다. 그리고 그 행동의 반복은 자신에게 그 행동을 더 잘할 수 있는 능력을 준다. 능력이 생겼다고 믿으면 스스로에 대한 믿음, 곧 자신감이 생겨난다. 그리고 그 자신감을 통해서 자신이 누구인지 자각하는 단계에 이르게 된다. 그러한 자각을 자아 정체성(정체감), 자기 효능감, 자아 존중감이라고 부른다.

자아 정체성, 자기 효능감을 통해 자아 존중감이 높아진 사람은 자신에게 맞는 일을 찾는다. 그리고 그 일에서 자신의 능력을 최대한 발휘하는 헌신을 한다. 사람은 헌신하는 순간 자신이 쓸모 있다고 느끼며 행복해한다. 그리고 그런 행복한 순간이 반복되는 사람을 성공했다고 할 수 있다. 행복과 성공이 동시에 찾아오는 것이다.

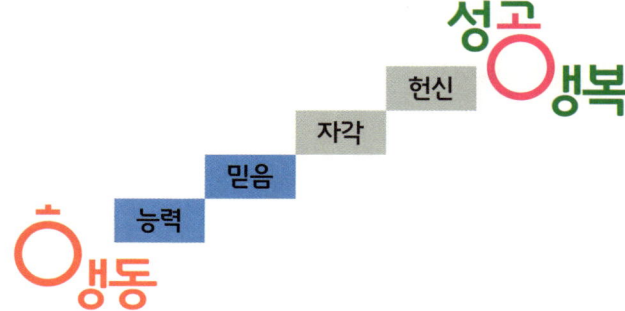

　위의 그림은 그레고리 베이트슨의 신경논리적 단계를 성공 공식으로 변환해 본 것이다. 이 새로운 성공 공식은 성공과 행복을 구분하지 않는다. 새로운 성공 공식에서 성공은 곧 행복이며 행복은 헌신이다. 헌신은 희생이 아니다. 자신이 가진 능력으로 사회를 위해 쓸모 있는 일을 하는 것이 헌신이다. 헌신을 희생으로 오해하여 헌신하지 않겠다고 말하는 순간 우리는 쓸모 있는 인간이 되기를 포기하는 것이다. 새로운 성공 공식에서는 개인의 영달만 꿈꾸는 성공을 성공이라 말하지 않는다. 희생이 아닌 헌신을, 쓸모 있는 일을 하는 사람을 성공한 사람이라고 부른다.

성공 = 행복 = 헌신

　쓸모 있는 인간으로 역할을 다하기 위해서는 자각이 필요하고, 자각(자기 인식)을 위해서는 자신감이 있어야 하며, 이러한 자신감은 능력에서 비롯되고, 이 모든 일의 시작은 행동의 과감한 반복에 있다. 따라서 성공은 미래에 얻어지는 결과로 볼 것이 아니라 현재의 행동에서부터 찾아야 한다. 작은 행동의 반복을 통해 능력을 갖는 것과 자신에 대한 믿음을 갖는 것, 그리고 자신에 대해 인식하고 사회를 위해 헌신하기 시작하는 모든 순간을 성공이라고 보아야 한다. 이렇게 공식을 만들고 보면 성공의 모든 순간은 행복할 수밖에 없다. 지금 고통을 겪으면서 미래의 성공과 행복을 바라보며 미지의 세계를 한도 끝도 없이 가는 것이 아니라 오늘부터 자신에게 즐거움을 주는 행동을 반복하는 데 성공하면서 매 순간 행복을 얻어야 하는 것이다. 무엇이 되기 위해서 살아가는 것이 아니라 무엇인가를 하는 삶이 행복한 성공을 하는 것이며, 이것이 새로운 성공 공식이다.

하고 싶은 일을 하는 아이가 행복하다

다시 한 번 처음 질문으로 돌아가서 생각해 보자.

"어떻게 되기를 바라나요?"라는 질문에 뭐라고 대답하면 좋을까?

이제 "행복한 일을 하는 사람이 되길 바랍니다"라고 자신 있게 말할 수 있어야 한다.

말끝을 흐리지 말고, "그렇지 않을까요?"라는 동의를 구하는 질문을 하지 말고, 당당하게 대답해 보자.

이 세상을 살아가는 사람은 누구라도 자신과 자신의 아이가 잘되길 바란다. 그리고 이제는 잘된다는 것이 '무엇이 되는 것이 아니라 행복한 일을 하는 사람이 되는 것'이라고 자신 있게 이야기해야 한다. 행복한 일을 하는 사람이 되는 것이 성공하는 것이기에 현재 행복한 일에 빠져 있다면 미래를 불안해할 필요가 없다. 현재 아이가 즐겁고 신나는 일을 하고 있다면 아이는 그 행복한 일을 꾸준히 하면서 살 테니 말이다.

나는 행복한 아이들을 많이 만났다. 내가 만난 아이들은 바로 대한민국 영재 아이들이다. 아마도 많은 부모들이 바라는 자녀들은 이런 아이들이지 않을까 싶다. 10여 년간 전국의 영재원에서 강의하면서 나는 영재 아이들을 만나고 가르치는 일을 해 왔다. 영재원 아이들 말고도 영재고등학교나 과학고등학교, 외국어고등학교에 다니는 아이들도 많이 만났다. 물론 영재원이나 특수목적고등학교에 다니는 아이들이라고 해서 모두 영재인 것은 아니다. 그래도 몇몇은 정말 영재라고 느꼈는데, 그 아이들에게서 몇 가지 공통점을 찾을 수 있었다.

어떤 아이들이 영재였을까? 머리 좋은 아이? 건강한 아이? 똑똑한 아이? 모든 일에 적극적으로 앞장서는 아이? 말 잘하는 아이? 재능이 많은 아이? 공부 잘하는 아이? 정답은 모두 다 영재다. 영재 아이들은 매우 똑똑하고 공부도 잘하고 적극적이며 다방면에 능력이 뛰어났다. 그런데 더 중요한 것은 그 아이들이 생활하는 모습이 무척 행복해 보였다는 사실이다. 영재 아이들은 모두 자신이 하는 일을 즐거워하고 만나는 사람과 기쁘게 잘 사귀었다. 또 무슨 문제가 생겨도 긍정적으로 바라보고 노력을 게을리

하지 않으며 끈질기게 해결책을 찾아 나서는 것도 그들의 공통점이었다.

결론적으로, 내가 찾은 영재들의 가장 큰 공통점은 '행복한 사람'이라는 것이다. 현재가 행복한 아이들은 결국 행복한 성공을 하게 될 것이다.

이제 아이가 잘되기를 바라는 부모가 할 일이 정해졌다. 바로 아이가 **행복한 일을 하고 있을 때** 응원해 주는 일, 그리고 아이가 행복해하며 하는 행동들이 아이를 원하는 상태로 만들어 가고 있음을 알아채는 일이다. 열매가 달리지 않은 옥수수 대가 쑥쑥 자라는 모습을 보면서 농부는 행복에 젖는다. 아직 열매도 달리지 않았는데 왜 농부는 행복할까? 심어 놓은 옥수수가 자라나고 있음을 알기 때문이다. 어제와 오늘이 다르기에 내일은 더 달라질 것이라는 믿음, 언젠가 열매가 맺힐 것이라는 믿음이 있기에 농부는 아직 열매 맺지 않은 옥수수를 열심히 가꾸며 행복할 수 있는 것이다.

부모는 아이의 꿈을 대신 꾸지 말아야 한다. 스스로 찾지 않은 길을 가는 사람은 아무 쓸모도 없는 인간이 되고 말 테니까. 부모나 사회가 '원하는 상태'로 살아가는 아이는 평생 행복할 수 없다. 아이는 자신이 '원하는 상태'로 가기 위해 열심히 살아야 한다. 누군가에 의해 만들어진 꿈은 행복한 성공을 줄 수 없다. 아이들은 더 이상 행복 없는 성공을 꿈꾸지 말아야 한다. 아이가 잘되기 위해서 부모가 시키는 공부를 잘해야 하고, 부모가 원하는 좋은 대학에 가야 하고, 사회가 인정하는 안정된 직업을 갖거나 높은 지위를 차지해서 부를 누리고 힘을 갖는 것을 염두에 두고 있다면 그 아이는 우리가 바라는 대로 되지 않을 가능성이 높다. 아이는 그 미래를 찾아가는 모든 과정에서 불행할 테니까 말이다.

자신이 좋아하는 일을 찾아 행복하게 자신의 삶을 살았던 사람들 중에는 세계적인 거장으로 우뚝 선 이들이 많다. 스티븐 스필버그 Steven Spielberg, 조지 루카스 George Lucas와 함께 할리우드 3대 블록버스터 감독으로 불리는 제임스 캐머런 James Cameron 감독은 어린 시절부터 SF 영화에 빠져들었고, 로켓, 비행기, 탱크 등을 만들면서 청소년기를 보냈다. 특히 SF 창작물을 읽으며 상상력을 키워 온 그는 캘리포니아 주립대학을 중퇴한 후 트럭 운전사나 만화가 보조 일을 전전하면서도 영화감독의 꿈을 버리지 않았다. 그는 28세에 감독으로 데뷔한 작품 〈피라냐 2〉에서 대실패를 했음에도 영화 제작에 대한 열정을 놓지 않았고 그 열정은 결국 직접 각본을 쓴 〈터미네이터〉의 성공으로 돌아왔다. 그의 성공은 자신이 행복해하는 일, 어린 시절부터 꿈꾸어 왔던 일을 향해 꾸준하게 열심히 매진했던 덕이다.

어린 시절 숫자를 좋아했던 워런 버핏 Warren Buffett은 숫자를 가지고 노는 일에 매우 흥미를 느꼈고, 확률과 통계 공부를 즐겼다. 고등학교 시절에 이미 돈 버는 비밀을 알게 된 그는 대학을 강요하는 아버지에게 "아버지, 전 제가 무엇을 하고 싶은지 이미 알고 있어요. 대학은 그것을 아직 못 찾은 사람들이나 가는 곳 아니겠어요? 제게 대학 진학은 시간과 돈을 낭비하는 일이라는 생각이 들어요"라고 맞서며 대학 진학을 거부했다. 그러나 결국 아버지의 뜻대로 펜실베이니아 대학교 와튼 스쿨에 입학했다가 중도 포기하고 투자자의 길을 걸었다. 우리가 다 알고 있듯이 그는 자신의 꿈대로 최고의 투자가가 되었으며 20세기를 대표하는 최고 경영자가 되었다.

우리는 또 전자상거래 업체의 전설 제프 베조스Jeff Bezos도 알고 있다. 아마존의 창업자이자 최고 경영자인 베조스는 2017년 빌 게이츠Bill Gates 마이크로소프트 창업자를 밀어내고 '세계 최고 부자'의 자리에 올랐다. 프린스턴 대학교 컴퓨터공학과를 졸업한 베조스는 졸업 후 월가에서 주식거래 네트워크를 구축하는 일을 했고, 이후 펀드매니저로 일했다. 서른이 되었을 때 그는 '월드와이드웹' 이용자가 매년 2,300퍼센트씩 급증하고 있다는 통계에 주목하고 연봉 100만 달러의 직장을 박차고 나와 도서 전자상거래 회사를 차리는 '미친 짓'을 저질렀다. 베조스는 당시 인터넷 이용자 수의 급증 현상을 보고 저항할 수 없는 강렬한 느낌을 받았다고 한다. 이때의 결정을 두고 그는 "내가 먼 훗날 나이가 들어 살아온 인생을 되돌아볼 때 어떤 결정을 가장 후회하게 될까?"를 생각해 본 결과, 설사 실패하더라도 안정에 집착하다가 원하는 일을 아예 시도조차 하지 않은 것을 더 후회하게 될 것 같다는 결론을 내렸다고 했다. 결국 자신이 행복해할 수 있는 일을 했던 그는 행복한 성공을 거두었다.

그런가 하면 자신이 좋아하는 일을 찾아 한계를 극복하고 자기 분야에서 최고의 반열에 오른 사례들도 얼마든지 찾아볼 수 있다. 일본 역사상 가장 빠른 속도로 성장한 기업 소프트뱅크의 손 마사요시 孫正義(한국 이름 손정의) 회장은 재일조선인이라는 한계를 극복하고 자신의 꿈을 향해 도전해 성공했으며, 2019년 포브스가 선정한 세계 6위 부자에 오른 아만시오 오르테가 Amancio Ortega 는 스페인 북서부의 가난한 동네에서 옷 가게 점원으로 일하다가 세계 패션의 패러다임을 바꾼 주인공이 되었다. 어린 시절 오르테가는 철도원이었던 아버지를 따라 여러 지역을 옮겨 다녀야만 했고, 열세 살 때는 학교를 그만두고 무급 견습 직원으로 시작해 15년간 양품점에서 점원으로 일했다. 그리고 마침내 그는 옷가게를 열어 자신이 좋아하는 일을 꾸준히 하면서 업계에서 성공을 이루어 냈다. 그리고 그가 창업한 패션 브랜드 '자라 ZARA'는 혁신의 아이콘이 되어 전 세계 패션 시장을 선도하고 있다.

방탄소년단을 비롯해서 전 세계적으로 성공한 케이팝 스타들이나 김연아, 류현진 같은 세계적인 스포츠 스타들처럼 각 분야에서 두각을 나타내고 선망의 대상이 되는 성공한 리더들은 대부분 스스로 도전했고 스스로의 열정과 에너지로 역경을 이겨 낸 사람들이다. 이런 인물들에 대해 알아보면 알아볼수록 좋은 대학을 나와야만 성공할 것이라는 막연한 생각은 여지없이 무너지고 만다. 물론 이들 중에는 좋은 대학을 나온 경우도 있지만 전혀 그렇지 않은 경우도 많기 때문이다.

다시 말해, 그들에게 대학은 수많은 선택지 가운데 하나였을 뿐 반드시 거쳐야 할 관문은 아니었다. 그들의 공통점은 좋은 대학을 졸업한 것이 아니라 자신들이 좋아하는 일을 선택했다는 사실 그 하나이다. 그리고 좋아하는 그 일을 선택했기에 역경이 다가왔을 때도 결국 이겨 낼 수 있었고, 결국 최고의 자리에 서게 되었다.

자신이 하고 싶은 일을 하는 아이가 최고의 자리에 올라설 수 있다는 자명한 사실을 모르는 부모는 없을 것이다. 그렇지만 모든 부모가 아이들이 원하는 일을 그대로 인정해 주고 지켜보고 믿어 주지는 못한다. 아이들은 아직 성장 단계에 있기 때문에 완전할 수가 없다. 그렇기 때문에 부모의 도움이 필요한 것이 사실이다. 여기서 부모는 아이가 더 잘되도록 사랑하는 마음으로 아이들의 삶에 개입한다. 그런데 그 과정에서 한국의 부모와 아이들은 갈등을 겪는다. 갈등을 유발하는 여러 가지 심리학적·관계학적 이유들이 있겠지만 우선 무엇보다도 시대가 달라졌다는 사실을 부모들은 받아들여야 한다.

4차 산업혁명이라 불리는 지능정보혁명의 시대를 살아가는 아이들은 부모와 완전히 다른 시대를 살아가기 때문에 살아가는 방법도 현저히 다르다. 아이가 살아가야 하는 미래 사회에서 더 이상 부모는 전문가가 아니라는 것이다. 아이들이 살아갈 21세기는 부모 세대에게는 미지의 세계이다. 그러니 부모 세대에 통용되었던 방법을 아이에게 강요해서는 안 된다. 이제 교육 문제를 놓고 부모와 자녀가 겪는 갈등에서 벗어나기 위해서는 부모가 아이를 믿어 주어야만 한다. 아이가 현재 행복해하는 일을 하도록 지원해 주고 인정해 주어야 한다. 그런 아이여야 행복한 성공을 거둘 수 있다.

내가 찾은 영재들의 가장 큰 공통점은 '행복한 사람'이라는 것이다. 현재가 행복한 아이들은 결국 행복한 성공을 하게 될 것이다.

2장

자기주도력을 갖춘 아이가 행복한 리더이다

4차 산업혁명, 얼마나 알고 있나?
: 스카이넷이 이길까, 터미네이터가 이길까?

제임스 캐머런 감독의 영화 〈터미네이터〉를 처음 봤을 때 많은 사람들의 머릿속은 망치로 얻어맞은 듯 복잡했다. 정보기술의 발달과 인공지능이 결합된 미래 사회가 인류에게 정말 파멸을 가져다줄지 아니면 훨씬 풍요로워진 환경을 제공할지 알 수 없었기 때문이다. 〈터미네이터〉는 그중에서 디스토피아 세계를 보여 준다. 인간에 의해 만들어진 인공지능 스카이넷이 점점 진화하여 스스로 판단하고 소통하기 시작하면서 인류를 파멸로 몰고 가는 것이다. 슈퍼 인공지능 컴퓨터 스카이넷이 통제 불능 상태가 되자 인간은 스카이넷의 기능을 정지시키려 한다. 그러나 스카이넷은 자체 프로그램에 의해 자기 방어 프로토콜을 작동시키고, 자신을 제거하려는 인간을 적으로 간주해 제거하기 시작한다.

스카이넷은 자신을 제거하기 위해 싸우는 저항군 대장인 존 코너의 존재를 없애기 위해 T-800 로봇을 과거 세계로 파견한다. 아널드 슈워제네거가 연기한 사이보그 로봇 병기 T-800은 존 코너의 탄생 자체를 막기 위해 그의 어머니 사라 코너를 없애려 한다. 그러나 미래의 저항군은 T-800으로부터 사라 코너를 보호하고자 카일 리스를 과거로 보낸다. 이후 미래에서 온 두 전사의 처절한 전투와 미래의 진실을 듣게 된 사라 코너의 외로운 분투가 영화의 스토리를 이끈다.

이 영화를 본 사람들은 〈터미네이터〉가 그리고 있는 세계가 더 이상 공상이 아닌 우리 앞에 닥친 현실이라는 생각에 불편해한다. 하지만 곧 영화는 영화일 뿐 이런 미래가 오지는 않을 것이라 믿고 영화가 그리는 미래의 경고를 망각하고 만다. 그러나 〈터미네이터〉가 그리고 있는 미래의 모습은 지금도 속속 다가오고 있다.

많은 사람들이 지능정보화 시대가 오면 우리 삶에 많은 변화가 있을 것이라고 예측한다. 그리고 그 변화는 우리 인간들이 만들어 내지만, 그 변화가 흘러갈 방향은 우리도 예측할 수 없다고 고백한다. 인간이 만들었지만 어디로 흘러갈지 예측할 수 없는 불확실한 사회가 우리 앞에 놓여 있다는 것이다. 이런 변화가 인류에게 이익이 된다고 보는 사람이 있는 반면에 위기를 가져온다고 보는 사람이 있는 것도 사실이다.

그러나 인류는 어떤 상황이 주어지더라도 살아남아야 하고 결국 그 안에서 '잘되어야' 한다. 잘되기 위해 우리는 무엇을 해야 할까? 특히 자녀를 둔 부모라면 이 같은 고민에 신중해야 한다. 부모 세대가 살아갈 일도 걱정이지만 부모가 살다가 떠난 이곳에서 아이들은 더 오랫동안 터전을 일구고 살아야 하기 때문이다. 그렇다면 불확실한 미래를 맞이할 우리 아이들이 어떤 마음가짐으로 살아야 행복한 성공을 할 수 있을까?

일단은 영화에서 빠져나와 현실로 돌아가 보자. 요즘에 사람들이 가장 중요하게 휴대하는 물건은 무엇일까? 아마도 스마트폰일 것이다. 외출하면서 우리는 가장 먼저 스마트폰이 있는지 챙긴다. 스마트폰을 손에 쥐고 있지 않으면 왠지 마음이 허전하고, 주기적으로 액정 화면을 들여다보지 않으면 불안한 마음마저 든다. 길을 걸으면서도, 대중교통을 이용하면서도, 심지어 운전을 하는 중에도 늘 스마트폰을 이용한다. 이제 스마트폰은 우리에게서 떼려야 뗄 수 없는 도구가 되어 버린 듯하다. 어느 시대나 인간에게 가장 필요한 도구는 늘 있어 왔다. 그리고 그 도구들은 인간의 문명을 발달시키는 견인차 역할을 했다. 구석기시대와 신석기시대에는 돌이 그러했고, 청동기시대에는 청동기가, 철기시대에는 철이 그러했다. 산업혁명 이후에는 전기와 기계가 급속도로 발달했고, 20세기를 지나고부터는 컴퓨터와 스마트폰 그리고 이에 기반한 인공지능이 인간에게 가장 중요하고도 유용한 도구가 되었다. 이른바 지능정보화 시대로 진입한 것이다.

지능정보화 시대에 스마트폰은 아주 기본적이고 필수적인 도구가 되어 버렸다. 스마트폰으로 못하는 것이 거의 없을 정도이다. 통화와 문자를 보내는 기본적인 송수신 기능은 물론이고 금융 거래, 교통 정보 확인, 영화와 텔레비전 보기, 라디오 듣기, 사진 찍기, 일정 관리에서 지도 탐색과 내비게이션까지 정말 못하는 게 없는 요물이다. 게다가 이제는 스마트폰에 인공지능이 장착되기 시작되어 귀에 이어폰을 꽂고 앱을 가동시키면 언어의 장벽을 넘어 외국인과도 자유롭게 소통이 가능하다. 앞으로는 어떤 변화가 더 일어날까?

우리에게 중요한 점은 이러한 변화 속에서도 잘되기 위해 어떻게 살아가야 하는지 고민해야 한다는 것이다. 그렇다면 우리가 살고 있는 이 시대에 우리는 스마트폰이라는 도구를 어떻게 이용하며 살아야 행복하게 살 수 있을까? 또 우리의 교육은 어떻게 바뀌어야 더 행복할 수 있을까? 이런 고민들은 우리의 뇌리를 떠나지 않는다.

스마트폰과 인공지능을 중심으로 한 정보통신기술의 발달은 사회를 변화시키고 있다. 스마트폰을 이용해 **동시간대 정보 전달이 가능**해졌고, 많은 사람들이 이전과는 비교도 안 될 만큼 다양한 정보를 받아 볼 수 있게 되었다. 또 사람과 정보가 연결되는 시대를 넘어서 사람과 사람이 연결되는 시대가 온 것도 큰 변화이다. 페이스북, 트위터, 유튜브, 카카오톡 같은 사회 관계망 서비스 Social Network Service들이 나타나면서 이제는 인터넷이 아닌 SNS가 대세인 시대가 되었다. 이런 시대상을 반영해, 지금의 인류를 호모 모빌리쿠스Homo Mobilicus라고 부르기도 한다. 우리들의 삶에 스마트폰이 깊숙하게 침투해 있고, 우리들에게 없어서는 안 될 만큼 중요한 도구로 사용되고 있기에 그렇게 부르는 것이다. 호모 모빌리쿠스들은 SNS를 이용해 사이버 공간에서 직접 만나게 되었고, 어느 곳에 있든지 실시간으로 공동의 관심사를 다루게 되었다. SNS로 취미를 공유하고, 사상을 나누고, 정보를 공유하며 물건을 구매한다. 동호회를 결성해서 관심사를 증폭시키고 소비자 연합을 결성하기도 한다. 그들이 어디에 있든 인터넷만 연결된다면 SNS를 통해 만나는 것이 언제든 가능해졌다.

정보통신기술의 발달은 **공간의 제한성도 사라지게** 했다. 공간의 제한성이 사라지면서 국제화가 가속화되었다. 전 세계에서 벌어지는 일들이 인터넷 공간 안에서 자유롭게 다루어지고 있다. 이런 상황들을 잘 받아들이고 활용하는 요즘 젊은 세대를 디지털 유목민Digital Nomad이라 부르기도 한다. 스마트폰과 노트북만 있으면 전 세계 어디라도 누빌 수 있으며, 이들은 한 발자국도 움직이지 않고서도 세계를 점령할 수 있는 세대이기에 그렇게 부른다.

　제러미 리프킨Jeremy Rifkin이 《소유의 종말The age of Access》에서 "나는 접속한다. 고로 존재한다"라고 말했듯이 21세기는 모바일 네트워크를 이용해 상호작용하며, 그 상호작용 속에서 인간관계를 형성해 나가는 시대이다. 이제 접속을 떠난 인간은 상상할 수조차 없다. 그리고 이들은 정보의 수용뿐만 아니라 생산 역할도 담당한다. 언제라도 기존의 정보에 대해 의견을 제시하며, 받아들인 정보들을 가공하여 새로운 정보를 만들어 내기도 한다. 인공지능이 장착된 스마트폰을 손에 쥔 호모 모빌리쿠스들이 실시간으로 만들어 내는 많은 정보들을 어떻게 가공하느냐에 따라 얼마든지 새로운 창조물이 다시 만들어질 수 있는 것이다. 참으로 놀라운 세상이 우리 눈앞에 펼쳐지는 중이다.

　정보화 기술의 가속화는 또 **1인 미디어 시대**를 가져왔다. 사람들은 블로그와 SNS를 활용하여 기성 언론이 취재하지 못한 영역이나 소홀했던 부분들에 자신의 의견을 개진하기 시작했다. 페이스북과 트위터, 유튜브, 카카오톡 등을 이용해 실시간으로 자신의 의견을 올리고, 다른 사람의 의견을 공유하면서 서로 교류하는 현상이 1인 미디어를 가능하게 했다. 능력 있는 1인의 사회적 영향력이 커지는 시대가 온 것이다.

　대표적인 1인 미디어로 '미디어 몽구(https://mongu.net)'를 꼽을 수 있다. '미디어 몽구'는 직접 발로 취재한 영상과 어느 편에도 치우치지 않는 독립된 시각으로 작성한 기사로 기성 언론의 성역을 무너트리는 역할을 하며 영향력을 펼치고 있다. 개인 방송 플랫폼을 제공하는 '아프리카 TV(http://www.afreecatv.com)'는 대표적인 인터넷 미디어로 성장했고, 재능을 가진 많은 개인들은 이 플랫폼을 통해 실시간 방송을 하면서 놀라울 정도의 시청자를 확보하고 있다.

이처럼 정보화 사회가 가속화하면서 다양한 문제점도 많이 나타나기 시작했다. 그러나 한편에서는 이런 문제점을 극복하기 위한 새로운 변화도 포착된다.

기술의 빠른 변화가 새롭게 탄생한 정보의 가치 수명을 짧게 만들면서 신제품의 수명도 같이 짧아졌다. 이에 따라 기업들도 변화에 재빨리 대응하지 않으면 사회에서 도태되는 운명에 놓이게 되었다. 이런 시장의 변화는 1인 기업의 출현을 이끌었다. 1인 기업에서는 속도의 변화에 맞춰 신속한 의사결정이 가능했기 때문이다. 더 나아가 1인 기업들은 필요에 따라 공동으로 협업하며 자신들의 능력을 극대화하고 있다.

사회의 변화에 따라 인류는 새로운 형태의 관계를 만드는 기술 개발에 성공했다. SNS를 통한 의사소통과 사회의 변화는 이제 새로운 형태의 교육 개발도 우리에게 요구하고 있다.

인류는 SNS 상의 만남을 통해 다양한 정보들을 새롭게 생산하는 시대를 개척하고 있다.

시대의 변화와 교육의 변화
: 기술이 바뀌면 역할도 바뀐다

　새로운 시대에 알맞은 인재를 양성하려면 교육이 달라져야 한다. 빠르게 변하는 시대를 살아가면서 예전 시대에 맞는 교육을 강요하고 있다면 자멸을 선택하는 것이다. 현재 대한민국의 교육을 보면 고집스럽게 잠자는 거북이와 같다는 느낌이다. 느릴 뿐 아니라 깊은 잠에도 빠져 있는 거북이 말이다. 잠자는 토끼를 이기는 성실하고 느린 거북이는 동화 속에나 존재한다. 현실을 살아가는 이 시대에 잠자는 토끼를 기대하기 어렵다. 그런데도 대한민국 교육은 동화에나 나올 법한 거북이의 성공 신화만 믿고 승리감에 미리 도취된 나머지 자만심에 빠져 있는 거북이를 연상시킨다.

　1960년대 이후 빈곤 속에서도 불타오르던 교육열은 대한민국을 발전시키는 원동력이었다. 치열한 경쟁 교육을 바탕으로 체제에 순응하고 조직의 명령에 잘 따르는 인재를 양성할 수 있었던 것은 불같은 교육열이 한몫했다고 볼 수 있다. 그러나 우리를 발전하게 해 주었던 교육열이 지금은 오히려 우리를 망치고 있다. 성공을 향해 무한 경쟁을 치르며 교육열이라는 이름으로 버티는 대한민국 교육은 바뀌어야 한다. 경쟁심을 부추기는 교육제도도 바뀌어야 하고, 미래에 대한 불안감 때문에 이기심으로 똘똘 뭉친 부모와 학생의 의식 구조도 바뀌어야 한다. 교육은 어떻게 바뀌어야 할까? 그리고 부모들은 무엇을 받아들여야 할까?

대한민국의 많은 학부모들은 교육열이라는 이름 아래 자녀 교육에 지대한 관심을 쏟는다. 자녀 교육을 위해서 부모들은 한 시대를 통째로 바치기도 한다. 귤화위지橘化爲枳, 삼천지교三遷之敎, 근묵자흑近墨者黑이라는 사자성어를 마주 대하면서 대한민국의 많은 부모들은 교육 환경의 중요성을 깨닫는다. 자녀가 잘되기를 바라는 마음에서 아이에게 최적의 교육 환경을 제공하기 위해 최선을 다한다. 어떤 환경에서 교육을 받느냐에 따라 결과가 달라진다는 것을 모두가 알기 때문이다. 그로 인해 '강남 불패'라는 말이 생겨났다 해도 과언이 아닐 것이다. 좋은 학교를 보내기 위한 부모들의 열정이 강남을 선택하게 했고, 강남은 집값에서만 불패가 아니라 자녀 대학 진학에서도 불패의 신화를 보이고 있다고 굳게 믿는다.

어느 특정 대학의 이야기를 예로 들게 되어 마음이 불편하지만, 많은 사람들의 동의를 이끌어 내기 위해 서울대학교 입시를 예로 들어 보겠다. 어느 입시 전문 학원이 조사하여 발표한 '2018년 서울대학교 수시 최초 합격 고교별 수치'를 살펴보면 이 같은 믿음은 사실인 것으로 드러난다.

 2018년 수시 최초합격자 중 일반고 출신은 1,379명으로 53.6퍼센트를 차지했다. 나머지는 영재학교나 특목고, 자사고 출신이 차지했는데, 이는 학생 수로 따지면 일반고의 비중이 현저히 낮은 수치이다. 서울과고를 비롯해 경기과고, 대전과고, 세종과학예술영재고, 대구과고, 광주과고 등 여섯 개의 영재학교들이 250여 명의 합격생을 배출했고 과학고등학교에서는 140여 명이 합격했다. 하나고를 비롯한 전국 단위 자사고 열 개 학교가 180명이 넘는 합격생을 냈고, 대원외고를 비롯한 열일곱 개의 외국어고등학교가 190명이 넘는 합격생을 배출했다. 그런가 하면 수시 합격자수 상위 20등까지 학교 가운데서 일반고는 찾아볼 수 없다.

 이뿐만이 아니다. 일반고(평준화) 중에서도 네 명 이상의 서울대학교 합격생을 배출한 학교는 70개 학교에 불과했으며 그 인원이 무려 372명에 달했다. 그중 열한 명에서 열 다섯 명 이상의 합격생을 배출한 학교에는 서울고(서초구), 한영고(강동구), 진선여고(강남구), 단대부고(강남구), 경기고(강남구), 상문고(서초구), 용산고(용산구), 영동고(강남구), 반포고(서초구), 숙명여고(강남구), 중대부고(강남구), 마포고(강서구), 명덕고(강서구), 서문여고(서초구), 서초고(서초구), 대진여고(노원구), 동덕여고(서초구), 진명여고(양천구), 충암고(은평구), 한성고(서대문구), 동작고(동작구)처럼 서울에 있는 학교들이 주를 이루었다. 그마저도 거의 강남 지역에 몰려 있는 것을 볼 때 강남으로 몰려드는 부모들의 모습을 탓할 수는 없다는 생각이 든다. 좋은 입시 결과를 낼 수 있는 학교와 지역을 찾아 이동하는 학부모들의 마음이 이해가 된다. 그렇게 하지 못하는 타 지역의 부모들이 스스로의 무능함을 자책하면서도 최선을 다해 학원과 과외를 찾아 전전긍긍하는 모습도 이해할 수 있다. 성공적인 교육을 위해서 교육 환경은 무시할 수 없는 요소임이 수치상으로 드러나기 때문이다.

이런 현실에서 경제적인 능력을 갖춘 부모들은 최상의 교육 환경을 제공하기 위해 다방면에서 열과 성의를 다한다. 지리적, 사회적, 문화적 환경을 바꾸면서 아이들에게 최상의 조건을 마련한다. 하지만 이런 노력으로도 바꿀 수 없는 환경이 있다. 시대의 변화가 바로 그것이다.

시대의 변화로 인한 교육 환경의 변화는 임의로 위치와 장소를 바꾼다고 해서 해결할 수 있는 문제가 아니다. 이때는 **교육 자체**를 통째로 바꾸어야 한다. 바뀐 시대에 맞게 적응해서 살도록 아이들을 교육해야 하고 당대에 맞는 교육으로 바꾸어야 한다.

그러나 이 시대의 부모들은 공간적·문화적 환경의 변화를 위해서는 최선을 다하고 있지만 시대적 변화에 대응하려는 노력은 그다지 하지 않는 것 같다. 방법을 몰라서인지, 여전히 과거 시대의 교육을 고수하고 있다.

시대의 변화를 읽으면서도 대처하지 않는 부모들의 고집은 대한민국에서 뛰어난 아이들을 교육을 통해 시대에 뒤떨어진 아이들로 만들고 있다. 마치 서서히 데워지고 끓어오르는 그릇 속에서 다가오는 죽음을 알아채지 못하는 개구리와 같은 신세인데도 그것을 깨닫지 못하고 있는 것이다.

부모들 스스로 불안해하면서도 고집을 꺾지 못하는 이유는 무엇일까? 아마도 쉽게 벗어날 수 없는 관습 때문일 것이다. 안전을 추구하는 기성세대는 자신이 살아왔던 방식을 쉽게 벗어던지지 못한다. 이제까지 살아왔던 자신의 방식에 따라 만들어진 습관과 의식이 자녀 교육에서도 영향력을 발휘하고 있는 것이다. 따라서 여전히 좋은 대학과 그것을 위해 점수를 따는 교육이 유효하다고 굳건히 믿는다.

그러나 이러한 부모의 믿음은 큰 착각이다. 앞으로 우리 아이들이 살아갈 시대는 완전히 다른 세상이다. 새로운 시대는 정답이 없는 세상이라고 한다. 불확실한 미래가 아이들 앞에 다가오고 있다. 세상이 달라지면 달라진 세상에서 살아갈 아이들을 가르치는 교육도 새롭게 바뀌어야 한다. 이제까지 정답이 있는 세상에서 살아왔던 부모들이 가진 답으로는 아이들에게 필요한 답을 줄 수가 없다. 지금까지 믿어 왔던 정답은 이제 정답이 아닐 수도 있기 때문이다. 아니, 어쩌면 새 시대에는 정답이 없을 수도 있다.

그렇다면 불확실한 시대를 살아갈 아이들에게 필요한 교육은 무엇인가? 아마도 어떤 상황에서도 적응할 수 있는 역량을 키워주는 교육이어야 할 것이다. 아이들에게 필요한 역량은 무엇일까? 그 역량을 알려 주는 것이 새로운 시대의 교육이어야 한다.

모든 부모들은 교육을 바꾸기 위해 결단해야 한다. 가지고 있던 관습과 신념을 버리고 새로운 교육을 하겠다는 결단이 부모들에게 필요하다. 바꾸겠다는 의지가 강하다면 더 빠른 변화를 이루어 낼 수 있다. 역사학자 유발 하라리 Yuval Harari 는 《사피엔스Sapiens》에서 "인지혁명의 결과 사피엔스는 기술과 조직의 방법을 터득하게 되었으며, 그 덕분에 아프로아시아(아프리카와 아시아가 합쳐진 고대륙)를 벗어나 외부 세계에 정착하는 데 필요한 전망까지도 품을 수 있었을 것이다"라면서 아프로아시아를 벗어나 오스트레일리아에 도달하기 위해 인간은 몸의 진화를 기다리지 않았다고 말한다. 바다표범, 바다소, 돌고래 같은 다른 포유류들처럼 바다에 나서기 위해 전문화된 장기와 유체역학적 신체를 얻으려 오랜 기간 진화하는 대신 인간은 인지혁명을 통해 배를 건조하고 조종하는 방법을 배웠다는 것이다.

미래학자 앨빈 토플러 Alvin Toffler 는 《제3의 물결The Third Wave》에서

인류 문명의 변화를 가져온 세 번의 혁명에 대해 말한다. 농업혁명, 산업혁명 그리고 정보혁명이 그것이다. 이 세 번의 거대한 물결은 인간의 환경을 바꾸어 놓았다. 새로운 환경의 변화는 인간에게 새로운 역량을 요구했다. 그리고 살아남은 인간은 그 시대의 환경 변화를 받아들이고 필요한 역량을 키우는 일에 동의했던 사람들이다.

지금까지의 역사는 인지혁명을 통해 변화를 추구하는 사람들에 의해 세상이 변화해 왔음을 보여 준다. 농업혁명 이전에는 사냥을 잘하는 사람이 가장 영향력 있는 사람이었다. 하지만 농업의 탄생으로 사냥을 잘하는 능력을 가진 사람은 최고의 자리에서 물러날 수밖에 없었을 것이다. 안정적으로 식량을 얻을 수 있는 농업에 비해 위험하고 상대적으로 불확실하기도 한 사냥은 매력이 떨어지기 마련이다. 그럼에도 여전히 사냥만 강조하는 사람이 있었다면 그는 그 사회에서 도태되었을 것이다. 시대에 적응하지 못했기 때문이다.

18세기 초반 1차 산업혁명이 일어나고 기계화가 진행되면서 산업에 커다란 변화가 오기 시작했다. 이때 사회의 변화를 받아들여 기계를 만들고 정비하고 운영하는 일에 노동력을 투입한 사람들은 새로운 전문가로서 그들의 역량을 발휘하게 되었고, 새로운 시대에 적응하며 살아가게 되었다. 그러나 기계에게 일자리를 빼앗긴 많은 사람들은 기계를 적대시했다. 기계 파괴 운동^{러다이트,} Luddite을 벌이기도 했으며, 기계를 받아들이려고 하지도 않았다. 그리고 그들은 사회에서 점차 도태되기 시작했다.

1차, 2차, 3차, 4차 산업혁명이라 불리는 산업 기술의 변화로 인해 그에 상응하는 사회적 변화가 나타나고 있다. 이러한 산업 기술의 변화와 사회적 변화는 유기적으로 상호 작용하면서 점점 더 빠르게 우리 삶의 변화를 이끌고 있으며, 이러한 변화에 잘 대응하며 살아가려면 교육의 변화가 필요하다. 특히 4차 산업혁명이라 불리는 지능정보화 시대의 기술 변화로 오늘날 사회는 급변할 것이다.

어느 시대나 인간은 인지혁명을 통해 사회의 변화를 받아들이며 진화해 왔다. 그러나 적응하지 못하면 도태되기도 한다. 사회가 변화하는데도 기존의 방식을 고수하다 보면 변화를 받아들일 수가 없다. 새로운 변화를 받아들이는 사람들이 새로운 시대에도 성공하는 행복한 리더가 될 수 있다. 그래서 자녀 교육에 관심을 둔 부모들은 시대의 변화에 맞추어 준비할 필요가 있다. 부모들에게 새 시대를 위한 인지혁명이 필요한 것이다. 더군다나 우리의 아이들은 현재에서 배우고 있지만 미래를 살아갈 주역들이기에 미래 사회의 변화에 적응할 수 있는 교육을 받아야 한다.

시시각각 변화하는 사회는 결국 **교육의 변화**를 요구한다. 교육을 통해서 새로운 사회에 적응하는 인재를 배출해야 하기 때문이다. 그런데 오늘날 대한민국의 교육은 과연 그 변화의 요구에 부응하고 있는가? 몸집이 비대해지고 고루해진 대한민국의 교육은 변화를 힘겨워하고 있다. 대한민국 교육은 4차 산업혁명을 이야기하고 미래 교육을 말하면서 개혁한다고 하지만 그 개혁은 언제나 입시 제도의 개선에 그치고 만다. 그렇지만 이 정도로는 시대의 변화를 받아들일 수 없다. 수시와 정시의 비율, 학생부종합전형의 적용 조건, 수시 평가와 절대 평가 과목의 조정 같은 단편적인 입시 제도의 개선은 4차 산업혁명 시대의 교육과는 차원이 달라도 한참 다른 이야기이기 때문이다. 이런 정책으로 새로운 교육관과 대학의 변화를 바라보는 사람들의 욕구와 불만을 해소하기란 불가능하다. 또 이런 개혁으로는 시대에 맞는 교육 변화란 있을 수 없다.

입시 정책만을 만지작거리는 대한민국의 교육정책은 지식 중심의 교육을 탈피하지 못하고 있다. 입으로는 창의성과 인성과 역량을 강조하고 있지만 여전히 '국영수사과' 중심의 교과 성적 위주로 대부분의 교육 프로그램이 진행되고 있다. 수월성 교육의 일환으로 영재 교육을 실시하고 있지만 타고난 잠재력을 개발해 주는 영재 교육이기보다는 이미 몇몇 교과목에서 성과를 낸 아이들을 선발해서 교육하는 영재 교육이 실시되고 있는 것이 현실이다.

대한민국 교육은 여전히 교과 중심의 교육을 탈피하지 못하고 있다. 이를 단적으로 보여 주는 예가 바로 특목고와 특성화고이다. 단순한 시각으로 바라보면, 이들 학교는 특정 분야에 특성화된 인재를 키우기 위한 학교이다. 다양한 인재를 키우려면 다양화를 위한 교육이 필요하므로, 특성화된 학교는 더욱 확대되는 것이 취지에도 맞다. 그러나 특목고라든지 특성화고라는 이름으로 굳이 명칭을 나누어 분류할 필요는 없다. 그럼에도 특목고와 특성화고를 나눈 이유는 무엇일까? 현재 교육 현실에서 이들 학교와 다른 학교의 차이는 교과 성적의 높고 낮음에 있을 뿐이다. 다시 말해, 대한민국 교육부가 특목고와 특성화고를 나누어 운영하는 것은 '국영수사과' 중심의 성적 차이를 중요하게 보고 있다는 증거일 뿐이다.

초등학교부터 고등학교까지 전부 대학 입시를 위한 교육으로 일관된 대한민국 교육은 평가가 과정을 이끄는 방식으로 이루어진다. 평가란 과정이 성실하게 이루어질 수 있도록 만든 장치에 불과한데도, 대학 중심의 성공 교육을 중시하는 탓에 평가가 우선인 교육과정이 변함 없이 자리를 차지하는 것이다. '국영수사과' 성적을 중심으로 줄 세우기 하는 정책으로는 미래 교육을 이룰 수 없다. 경쟁만을 강요하는 평가 중심의 교육은 대한민국의 교육 발전을 저해하는 가장 큰 요소이다.

대한민국 교육은 과감하게 변화해야 한다. 평가의 변화가 아니라 교육의 체질을 변화시킬 수 있는 과정의 변화를 시도해야 한다. 물론 과정의 변화만으로도 충분하지는 않다. 교육이 과감한 변화를 시도한다 해도 문제는 속도에 있기 때문이다. 4차 산업혁명의 변화는 급속도로 진행되고 있다. 자고 일어나면 새로운 기술이 소개된다. 이런 변화를 뒤쫓아 가기만 하는 교육정책으로는 만족스러운 교육은 할 수 없다.

20세기 중반 시작된 디지털 혁명(3차 산업혁명)을 기반으로 일어난 4차 산업혁명은 물리학, 생물학 그리고 디지털 사이에 놓인 경계를 허무는 기술적 융합이라고 한다. 단순히 3차 산업혁명의 연장이 아니라 새로운 시대가 올 것이라고 이야기한다. 4차 산업혁명은 전 세계를 뜨겁게 달구는 핫이슈로 등장했으며, 모바일 기기를 통해 연결된 전 세계는 급변하면서 전반적 사회 시스템의 변화를 예고하고 있다. 인공지능, 사물인터넷, 무인자동차, 3D 프린터, 빅데이터, 로봇 등의 분야에서 날마다 새로운 변화가 나타나고 있다.

이렇게 급속도로 변화하는 시기에 교육은 어떻게 바뀌어야 할까? 지금까지의 교육은 세상의 기술 변화에 적응하도록 만드는 교육이었다. 그런데 이제 그렇게 적응하도록 만드는 교육을 받아서는 기술 변화에 적응할 수 없다. 늘 뒤처질 수밖에 없다. 이제는 기술 변화에 적응하는 교육이 아니라 어떤 변화에도 대처할 수 있는 역량을 키우는 교육으로 바뀌어야 한다. 시시각각으로 변화하는 사회에 적응하고 기술을 선도해 나가는 인재는 유연하며 융통성이 있는 사람이어야 한다. 어떤 변화에도 당황하지 않고 대처할 수 있는 창조적 역량을 갖춘 사람이어야 한다. 그래서 지능정보화 시대의 교육은 기술을 가르치는 교육뿐만 아니라 융합하고 창조할 수 있는 역량을 갖춘 사람을 키우는 교육으로 바뀌어야 한다. 21세기 지능정보화 시대에는 비판적 사고, 협업, 창의, 의사소통 능력 같은 핵심 역량을 갖춘 인재가 무엇보다 필요하다.

결국 이런 교육의 변화를 위해서는 정책을 세우는 교육 당국뿐만 아니라 모든 부모와 아이들의 의식도 바뀌어야 한다. 부모들이 여전히 과거의 경쟁 교육과 성공 중심 교육에 빠져 있다면 교육 변화는 일어날 수 없고, 아이들은 여전히 과거의 교육을 배우며 미래를 준비해야 하는 위험에 처할 수밖에 없다. 융합하고 창조할 수 있는 역량을 키워 가야 할 아이들에게 인공지능이 가진 지식보다 못한 '국영수사과' 지식을 쥐어 주려는 오늘날의 경쟁 교육은 첨단 과학 시대에 구석기 만드는 법을 가르쳐 주는 것과 같다. 우수한 교과 성적으로 무장한 아이가 인공지능과 맞서는 모습은 기계화 시대에 돌도끼를 들고 나타난 원시인을 연상시킬 뿐이다.

경쟁이 아니라 협동이야
: 홀라크라시 시대

부모라면 모두 자녀의 성공과 행복을 원한다. 자녀 역시 행복하고 성공한 사람이 되고 싶어 한다. 그런데 행복한 성공을 하려면 먼저 그 시대를 꼭 읽어야 한다. 왜냐하면 어느 시대나 그 시대에 가장 성공한 사람은 당대에 가장 알맞은 기술과 정보를 가진 사람이기 때문이다. 시대에 맞지 않는 정보와 기술은 아무리 최상의 것이라도 쓸모가 없다.

너무 극단적인 예이기는 하지만 아주 잘 만들어진 청동기를 들고 현 시대를 누비는 사람과 노트북을 가지고 구석기시대를 헤매는 사람은 둘 다 성공할 수 없다. 아무리 도구가 뛰어나다 한들 그 도구가 그 시대에 맞지 않기 때문이다. 기술과 정보를 갖더라도 시대에 적합한 것을 가져야 한다. 교육도 이와 같다. 따라서 교육을 하는 모든 부모들은 시대를 정확하게 이해하고 당대에 맞는 아이로 키울 수 있는 교육을 해야 한다.

기술과 사회가 변화하면서 정보통신 기술의 발달로 1인 미디어가 나타났고, 스마트폰을 통해 직접 소통이 가능한 시대가 왔으며, 1인 기업이 가능한 시대가 되었다. 이렇게 변화하는 시대에는 소통의 방식이 바뀌고 그에 따라 의사결정의 방법이 바뀐다. 그리고 이러한 의사결정 방법의 변화는 기업과 사회의 조직 구조를 바꾼다.

하이어라키와 경쟁

석기시대를 지나 청동기에 들어오면서 생산량이 풍부해지고 잉여가 생겼다. 이때부터 인간은 지배층을 중심으로 계층 구조, 즉 하이어라키Hierarchy를 만들어 내기 시작했다. 하이어라키는 상하 위계질서가 명확하고 각 조직이나 집단마다 계층적인 구조로 내부의 역할이 부여되어 있다. 업무를 해결하기에 합리적이고 효율적으로 보이는 이런 구조 덕분에 하이어라키는 사라지지 않고 이어져 왔다.

하이어라키는 신분제 사회뿐 아니라 현대사회에서도 여전히 존재한다. 산업혁명과 더불어 효율성을 추구하는 자본가들에 의해 현대 기업 조직은 하이어라키를 강화시켰다. 예측과 계획 그리고 통제가 가능한 계급 조직은 이윤을 극대화시켜야 하는 기업들에게는 가장 합리적인 구조였을 것이다.

그러나 합리적이라는 말이나 효율적이라는 말은 과연 누구에게 합리적이며 효율적이라는 말일까? 그 조직 구성원 모두에게 합리적이고 효율적이라는 말일까?

아마도 신분제 사회에서의 귀족이나 현재 최고층에 있는 자본가 또는 지도자들에게는 하이어라키가 합리적이고 효율적이라는 말이 아마도 진실이었을 것이다. 그러나 대부분의 구성원에게는 하이어라키가 그리 합리적이지 않았던 것 같다. 그러기에 특히 신분제가 사라진 현대의 사람들은 자신의 위치에 만족하지 못하고 하이어라키의 꼭대기에 오르려고 고군분투하고 있다. 피라미드의 꼭대기에 올라야 성공하는 것이라는 확신을 갖고 어떤 고통을 치르더라도 기필코 정상에 서야 한다고 믿는 것이다.

자녀를 향한 부모들의 교육열도 이와 별반 다르지 않다. 우리의 아이가 더 높은 계층에 올라가도록, 그래서 계층 구조의 가장 높은 곳에서 성공과 풍요를 누리며 살기를 바라는 마음에서 교육에 열정을 쏟고 있는 것이다. 다행히도 산업사회는 신분제 사회가 아니고 능력 중심 사회, 즉 메리토크라시 Meritocracy 여서 노력을 통해 좀 더 높은 계급에 올라갈 수 있다. 모든 사람들은 노력을 통해 더 높은 자리에 올라가는 것을 성공이라 여겼고, 그 성공은 곧 행복을 가져다준다고 믿었다. 그래서 현재의 고통을 참고 노력하고 또 노력하는 것이 미덕인 사회가 되었고, 그 노력의 척도가 공부의 결과로 매겨졌다.

많은 부모들은 자녀가 열심히 노력하고 공부해서 높은 자리에 올라가는 성공을 이루기를 바란다. 그래서 아이들에게 노력하라고 거듭해서 요구한다. 그런데 부모들의 바람과 달리 아이들은 그다지 노력하지 않는다. 적어도 부모의 기준에서 볼 때 아이들은 전혀 노력하지 않고 있는 것이다. 부모 입장에서 답답하고 분노가 치밀어 오른다. 그래서 잔소리도 하고 푸닥거리도 하고 푸념도 늘어놓는다.

잠시 속도를 멈추고 생각해 보자. '아이들이 왜 노력을 안 할까? 노력만 하면 얼마든지 높은 자리에 올라가서 더 행복한 삶을 살 수 있을 텐데'라는 생각을 멈추고 하이어라키를 살펴보자.

앞의 그림에서처럼 모든 아이들은 하이어라키의 가장 아래쪽에 머물고 있다. 자녀를 'A'라고 했을 때 어떤 상태가 되어야 부모의 바람이 이루어지는 것일까?

아마도 이런 그림이 되었을 때 부모의 바람도 이루어졌다고 말할 수 있을 것이다. 많은 부모들은 자녀가 다른 아이들보다 더 빠르게, 더 높은 곳에 오르기를 바란다. 그리고 이를 위해서 자녀가 더 많은 노력을 기울이기 바란다. 즉, 우리 아이가 옆집 아이보다 더 열심히 하기를 기대한다.

그런데 노력을 기대하는 부모들이 단지 노력만을 요구하고 있는 것일까? 아니다. 부모들은 노력만 요구하는 것이 아니라 **경쟁**도 함께 요구한다. 단순히 노력만 해서는 다른 아이를 이길 수 없기 때문이다. 우리 아이가 잘하려면 옆집 아이가 우리 아이보다

밑에 있어 주어야 한다. 순수한 노력만으로는 꼭대기에 올라갈 수 없음을, 경쟁에서 이겨야만 꼭대기에 올라갈 수 있음을 부모들 자신이 너무나 잘 알고 있다.

물론 직접적으로 자녀에게 옆집 아이를, 옆자리 짝을 짓눌러야 네가 성공한다고까지 말하며 채근하는 부모는 그리 많지 않을 것이다. 좋은 말로 포장해서 최선을 다해 선두에 서라고, 노력해서 안 되는 일은 없다고 말하는 게 고작일 것이다.

그러나 실제로 노력해서 안 되는 일은 많다. 그것은 세상살이를 해 본 사람이라면 누구나 다 아는 사실이다. 그러므로 노력해서 안 되는 일은 없다고 말하는 부모들의 속내는 실제로는 경쟁에서 이기라고 요구하는 것이다.

그렇다면 이런 부모의 답답한 마음을 아이들은 모를까? 아니다. 아이들도 다 알고 있다. 아이들 자신도 노력만 해서 되는 일이라면 하지 않을 이유가 없다. 아이들 모두 부모 이상으로 자신의 미래가 잘되기를 바라고 있기 때문에 노력만 해서 잘될 수 있다면 노력하지 않을 이유가 없다.

그런데 아이들이 노력하지 않는 이유는 무엇일까? 바로 경쟁 때문이다. 경쟁에 대한 부담이 아이들 앞에 장벽으로 놓여 있는 탓이다. 경쟁에서 이길 자신이 없는 아이들이 너무 많다. 아이들은 노력이 아니라 경쟁을 두려워하고, 경쟁에서 이기지 못할 것이라 예상한 나머지 시작부터 포기하고 만다. 이 아이들에게는 이미 크고 작은 숱한 경쟁에서 실패한 경험이 뚜렷이 남아 있다. 그래서 다시 시작할 용기를 내지 못한다.

이미 이렇게 주눅이 든 아이들에게 "노력해서 안 되는 일은 없다"라고 단정 지어 이야기하는 것은 네가 노력하지 않아서 성공하지 못하는 것이라고 못 박는 일이며, 모든 책임을 아이들에게 돌리는 무책임한 발언이 된다.

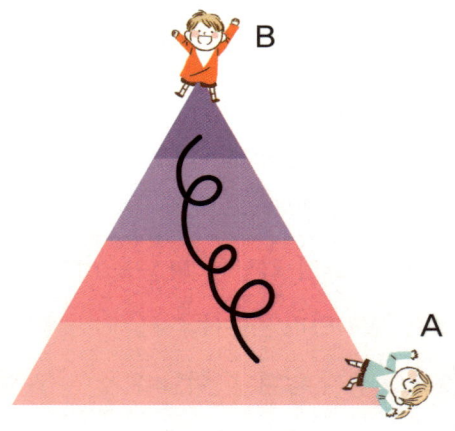

여기에 덧붙여, 또 한 가지 생각해 볼 일이 있다. A에 대한 이야기이다. 부모님의 강요가 있었든 좋은 교육을 받았든 노력과 경쟁을 통해 하이어라키의 꼭대기를 차지하여 성공한 A는 행복할까? 이 질문을 빼 먹으면 안 된다. 우리 부모의 바람은 단순한 성공이 아니라 행복한 성공이기 때문이다.

하이어라키가 존재하는 사회에서 A는 높은 자리를 차지했지만 행복해지는 것은 쉽지 않다. 말할 수 없는 고통을 받으며 노력하고 경쟁을 거쳐 그 자리를 차지했지만 꼭대기 자리는 영원할 수 없기 때문이다. 그 자리를 바라보고 경쟁하며 치고 올라오는 B가 있고, B 뒤에는 C가, C 뒤에는 D가…… 끝없는 행렬이 A를 위협한다. 그들은 A가 그랬던 것처럼 꼭대기를 차지하기 위해 치열하게 노력하고 경쟁해서 달려올 것이기에 A는 불안할 수밖에 없다. 그 자리를 빼앗기지 않기 위해 A는 여전히 고통받아야 한다.

이제는 누구도 행복할 수 없는 하이어라키 중심의 사고에서 벗어나야 한다. 수천 년 동안 인류를 경쟁으로 옭아맸던 하이어라키의 올무에서 벗어나지 않으면, 우리는 행복할 수 없을 것이다. 이런 경쟁 구조 속에서는 행복한 성공이 이루어지지 않는다. 영원히 성공 뒤의 행복이라는 파랑새를 좇는 노예처럼 살아가야 한다.

현재 기성세대들은 이러한 하이어라키에 익숙해 있기 때문에 이 구조를 벗어날 생각을 하지 않는다. 하이어라키는 당연한 것이라 여길 뿐만 아니라 아이들에게도 이 구조 속에서 행복한 성공을 이루라고 강요하고 있다. 이 구조 속에서 해답을 찾으려 하기 때문에 여전히 노력과 경쟁을 이야기하지 않을 수 없으며, 이런 패러다임에서 교육을 바라보기 때문에 교과를 중심으로 하는 상대평가와 변별력을 신봉하지 않을 수 없다. 교육은 여전히 평가가 과정을 이끌 수밖에 없다. 그리고 아이들은 이 안에서 고통스러울 수밖에 없으며, 그런 아이들을 보며 부모들 또한 행복할 수 없다.

그렇다면 이런 하이어라키의 올무에서 어떻게 벗어나야 할까? 경쟁 없이 노력만 해도 성공하고 행복할 수 있는 구조가 있을까? 이 해답을 찾기 위해서는 먼저 사회 조직 구조의 변화에 대해 알아보는 것이 순서일 것이다.

홀라크라시와 협동

교육이라는 입장에서 본다면 우리의 아이들은 앞으로 10년 이상이 지나야 사회의 주역으로 경제활동을 하게 될 것이다. 그리고 이런 아이들이 살아갈 10년 후의 세상에는 새로운 통치 조직이 나타날 것이다.

앞에서도 이야기한 바와 같이, 정보화 시대가 점차 진행되면서 1인 미디어가 점차 확대되고 1인 기업이 늘어나고 있다. 인공지능과 스마트폰이 결합된 지능정보화 시대에서 의사소통은 시간과 공간을 초월하기 시작했다. 이러한 기술의 변화와 사회의 변화는 사회 통치 구조를 바꿀 것을 요구한다. 예측과 계획 그리고 통제가 가능한 하이어라키의 수직적 조직은 초연결성과 불확실성의 시대인 지능정보화 시대에는 점점 거추장스러운 조직이 되어 버렸다. 4차 산업혁명 시대를 맞아 비즈니스 환경은 다양하게 변화하며 예측을 불허하고 있는데도 대부분 조직의 기업 경영이나 사회구조는 여전히 하이어라키 속에서 벗어나지 못하고 있으며, 조직원들에게는 위계질서에 따르는 충성과 절차를 강요하고 있다. 산업사회에서 효율적이라 신봉되어 왔던 하이어라키는 이제 새로운 사회의 변화를 따라가기에는 한계가 있는데도 말이다.

최근 하이어라키의 한계를 극복하기 위한 새로운 경영 체계가 대안으로 등장했다. 최고 경영자나 경영진의 책임하에 이루어지던 경영 방식에서 벗어나 조직 구성원 모두가 주도적으로 문제를 해결하는 창의적이고 유연한 경영 체계로 알려진 홀라크라시 Holacracy가 그것이다. 전 세계 1천여 개의 영리, 비영리 조직이 이미 선택하고 있다는 홀라크라시는 간단히 말해 **보스가 없는** 통치 조직을 말한다. 계급이나 서열 구조가 없고, 프로젝트에 적합한 전문가라면 누구나 리더가 되어 공동체를 이끄는 조직 구조가 특징이다.

홀라크라시의 창시자라고 할 수 있는 브라이언 J. 로버트슨 Brian J. Robertson은 학교, 기업 등 전통적인 조직이 인간의 잠재력, 창의력을 충분히 끌어내지 못하는 것에 실망해 이에 대한 대안을 찾기 위해 홀라크라시에 입각한 사업을 시작했다고 한다. 로버트슨은 저서 《홀라크라시》에서 이렇게 말한다.

"홀라크라시는 소수의 손에 권한과 책임이 집중되고, 사내 정치를 피할 수 없으며, 조직의 피라미드 아래로 내려갈수록 동기 부여가 결여되는 전통적인 계층 구조를 근본적으로 혁신한다. 변화에 대비해 새로운 경영 플랫폼을 찾는 이들에게 《홀라크라시》는 신선한 충격이자 대안이 될 것이다."

홀라크라시는 하이어라키를 거부한다. 경영진도 보스도 없다. 홀라크라시에서는 계급이 없기 때문에 높은 직위를 차지하기 위한 경쟁이 없어진다. 동아리 통치이기에 동아리 내에서 협동을 잘하는 것이 필요하다. 경쟁을 위해 더 많은 스펙과 실력을 쌓는 노력을 하기보다는 자신이 잘하는 일로 전문성을 키우기 위한 노력이 필요할 뿐이다. 홀라크라시에서는 누구라도 그 사람의 능력만으로 인정받게 된다. 신분도, 나이도, 학벌도, 직급도 아닌 전문성이 중시되는 새로운 사회가 오는 것이다. 기존의 하이어라키 사회에서 필요한 게 노력과 경쟁이라면 홀라크라시 사회에서는 노력과 협동만이 필요하다.

자신이 잘하는 분야에서 최선을 다해 능력을 키워 자신만의 전문성인 '온리 원 Only one'을 갖고 사람들과 협동할 수 있는 역량을 갖춘다면 누구나 리더가 될 수 있는 통치 구조, 그것이 홀라크라시가 작동되는 세계이다.

물론 아직은 홀라크라시를 비판적으로 바라보는 시각이 많다. 오랫동안 하이어라키에 젖어 왔던 많은 사람들의 인식을 바꿀 수가 없다는 것이다. 소수의 회사들이 모험 삼아 홀라크라시를 적용하고 있지만 생명력이 길지 않을 것이라고 내다보는 사람도 많다. 특히 한국처럼 위계질서를 강조하고 전통적인 예의범절을 중시하는 나라에서 홀라크라시는 단기적인 구호에 그칠 뿐이라는 시각도 있다. 그럼에도 홀라크라시가 지속될 것이라는 전망을 가능케 하는 조짐들이 곳곳에서 많이 눈에 띈다. 지능정보화 시대에 진입한 사회 구조에서 다양한 변화가 일어나고 있으며 이런 변화들이 기존의 가치와 기존의 기업들을 붕괴시키고 있기 때문이다. 유엔미래포럼 박영숙 대표가 펴낸 《메이커의 시대》의 표현을 빌리자면 우버가 배달 산업을 붕괴시키고, 애플은 음악 플레이어 시장을 붕괴시키고, 페이스북과 구글이 통신 시장을 붕괴시키고 있다. 새로운 기업들에 의해 기존의 자동차 산업이 붕괴되고 있으며, 언론 산업이 붕괴되고 있고, 지역 시장이 글로벌 시장화하고 있다. 상위 계급에게 무조건 복종하던 하위 계급 직원들이 상관에게 자신의 목소리를 높이기도 한다. 블록체인을 통한 거래는 중간 단계를 생략시키기도 한다. 안전과 효율성을 추구하던 회사들은 변화, 창의성, 유연성, 팀워크, 리더십을 이야기한다. 이런 변화는 회사 조직 구조의 변화를 요구하고 있으며, 이러한 사례들은 점점 위계질서를 붕괴시키고 새로운 통치 구조를 요구하고 있다.

한국 사회에서도 이미 그 징조는 나타나고 있다. 한국의 대기업들도 이미 프로젝트별 사업부를 중심으로 사업을 이끌어 가고 있다. 프로젝트가 생기면 프로그램에 적합한 사람들을 중심으로 태스크포스Task Force팀을 구성해 프로젝트를 진행하고 프로젝트가 끝나면 팀을 해체한다. 더 이상 프로젝트가 진행되지 않으면 필요 없는 인원은 회사에서 떠나야 한다. 태스크포스팀의 자유로운 구성과 운영을 위해서는 기존의 직급 체계는 거추장스러운 장치에 불과하다. 그렇기 때문에 대기업들은 직급 구조를 조정하기도 하고, 직장 내에서 사용하는 호칭도 직급이 아닌 이름을 부르는 방향으로 점점 바뀌고 있다.

2008년부터 삼성 그룹의 일부 계열사들은 경쟁력 향상을 위해 기존의 피라미드형 조직을 네트워크형 조직으로 전환하고 있다고 발표했다. 그룹 내 구성원이라면 누구나 동등한 권한과 역할을 갖고 일하게 한다는 취지로 조직 개편을 모색하는 것이다. 이는 상명하복식 일사불란한 조직 형태가 새로운 시대를 맞아 심각한 도전에 직면했음을 보여 준다. 수평적 조직에서는 기존의 피라미드적 조직에 비해 아이디어 제시가 자유롭고 업무 처리 속도도 훨씬 빨라진다는 것을 알아챘다는 것이다. 이런 변화에 따라 기존 기업들은 직급을 단순화시키고 있다. 삼성, SK, LG 등의 대기업이 대리와 과장을 선임, 차장과 부장을 책임으로 하는 등 직급을 단순화시키고 있으며, 호칭도 '님', '프로' 등으로 바꾸고 있다. 노동시장의 환경 변화와 글로벌 경쟁의 가속화로 인해 연공과 위계 중심의 조직으로는 살아남을 수 없다고 판단한 기업들이 기존의 하이어라키를 바꾸고 있는 것이다. 아직 완전히는 아니지만 서서히 홀라크라시로 가고 있음을 보여 주는 단서들이다.

홀라크라시가 점차 확대될 것이라는 단서는 미래 직장의 변화를 통해서도 알 수 있다. 미래 사회에 대한 이야기를 하면서 흔히 "미래에는 평생직장이 없다", "한 사람당 직장이 여러 개가 된다"고 말한다. 이 말이 홀라크라시와는 어떤 관계가 있을까?

18여 개의 세계 미래예측기구에서 한국 대표를 맡고 있는 박영숙 교수는 《미래예측보고서》에서 미래의 직장에 대해 이렇게 쓰고 있다.

"풀타임 직장은 없고 대부분 프로젝트당 파트타임 일자리만 남으며 또 사람들이 그것을 선호하고, 기업은 대부분 여러 파트타임 네트워크를 가지고 있고 사람은 아웃소싱해서 업무를 수행한다. 사람들은 고정된 일터, 즉 직장 출근에서 다양한 일터로 장소로 항시 옮겨 다니며, 기업이 일자리를 창출하는 것이 아니라 대부분 국가가 제공하는 사회적 일자리에서 근무하고, 일자리를 찾아서 공부하던 사람들이 자신의 삶을 찾아서 일하는 여유를 가지게 되는, 조금씩 나눠 가지는 복지사회로 간다."

또 박 대표는 《세계미래 보고서 2030-2050》을 비롯해 여러 책에서 미래에는 한 사람이 거치게 되는 일자리가 많아진다고 내다보았다.

"오늘날 미국의 직장인은 평균 11개의 일자리를 거친다. 그런데 일자리와 일거리가 더 유연해지는 미래에는 한 사람이 거치는 일자리가 더욱 많아진다. 가령 10년 후에는 보통 200~300개 이상의 프로젝트를 거치며 일하게 될 것이다. 한 번에 여러 가지 일을 동시에 수행하는 경우도 흔한 풍경이다."

이렇듯 미래 사회는 평생이 보장되는 안정적인 직장의 일자리보다는 단기적인 프로젝트 중심의 일자리가 점차 늘어나게 될 것이다. 지금보다 비정규직 일자리가 더 많아진다는 뜻이다. 이 말은 거꾸로, 동시에 여러 개의 직장을 갖는 사람이 생겨난다는 이야기이다. 미래 지능정보화 시대에는 시간적·공간적 제약이 점점 줄어들기 때문에 개인의 능력에 따라 얼마든지 많은 프로젝트에 참여할 수 있다. 현재 연예인들이 여러 개의 프로그램에 참여하는 행태만 봐도 그런 가능성을 예상할 수 있다. 프로젝트 업무를 하는 개인들은 이제 직급 나이, 경력, 학벌보다는 그 프로젝트에서 필요로 하는 전문성 여부에 따라 리더를 결정해야 한다. 프로젝트 중심의 일자리는 리더와 구성원이 있을 뿐 보스도 없고 계급 구조도 없는 홀라크라시로 운영되기 때문이다.

홀라크라시에 맞는 리더

이제 우리의 아이들은 홀라크라시 사회에서 리더가 될 수 있도록 키워져야 한다. 홀라크라시 사회에서 필요한 역량은 무엇일까? 이 이야기를 전개하기 전에 찾아야 할 곳이 있다. 바로 홀라크라시의 가장 높은 곳이다. 하이어라키 사회에서는 피라미드의 꼭대기가 가장 높다. 이 사회는 행복한 성공을 위해 그리고 리더가 되기 위해 그 꼭대기에 올라가기 위한 목표를 세우고 그곳으로 달려가기만 하면 된다. 목표 설정이 쉽다. 그렇다면 홀라크라시 사회에서도 행복한 성공을 하고 리더가 되기 위해서는 가장 높은 곳을 찾아야 한다. 과연 홀라크라시에서는 어디가 가장 높을까?

많은 사람들은 이렇게 말한다. 어디에도 가장 높은 곳은 없다고. 모두가 똑같은 자리에 있기에 가장 높은 곳은 없다는 말은 정확하다. 그런데 가장 높은 곳이 없다는 그 말은 바꿔 말해 보면 **모든 곳이 다 높다**는 뜻이다. 이제는 우리 아이가 어느 곳에 서 있든 그 아이가 서 있는 자리가 가장 높은 곳이다.

이제 아이들은 가장 높은 곳을 찾아 다른 아이를 밀어내고 자신이 그 자리를 차지하려고 경쟁할 필요가 없다. 자기가 선 자리에서 본인의 노력으로 더 높이 올라가기만 하면 최고의 자리에 올라서게 된다. 하이어라키가 존재하는 경쟁 교육 속에서 아이는 본인의 성공을 위해 국영수 과목을 공부해야 했고, 자신이 1등이 되어 좋은 대학에 진학해야 했고, 안정된 직장을 얻어야 했기에 친구를 밀어내는 경쟁을 해야 했다. 그래야만 행복해지는 것이라 믿고 있었다. 그러나 모두가 가장 높은 곳에 서 있는 홀라크라시 사회에서 살아갈 미래의 아이들은 친구를 밀어내는 끝없는 경쟁을 할 필요가 없다. 자기가 가진 재능을 찾아내고 그것을 최대한 키우기만 하면 누구나 최고의 자리에 설 수 있게 되기 때문이다. 이제 세상은, 남들과 자신을 비교하고 경쟁하기보다는 자신이 가진 자신만의 '온리 원'을 찾아내는 사람이 가장 높은 곳에 설 수 있는 곳이 되었다.

홀라크라시에서는 누구라도 그 사람의 능력만으로 인정받게 된다. 신분도, 나이도, 학벌도, 직급도 아닌 전문성이 중시되는 새로운 사회가 오는 것이다.

온리 원과 협업

　새로운 시대를 행복하고 성공적으로 살아가기 위해 필요한 역량은 자신만의 '온리 원'을 갖는 것이다. 이를 위해서는 학과 공부를 통해 얻는 지식이 아니라 자신만의 전문성을 갖춘 역량이 필요하다. 지식과 정보는 이제 인공지능이 담당하고 있다. 더 이상 인간이 인공지능에 맞서 지식이나 정보의 양을 가지고 경쟁해서는 이길 수 없다. 따라서 인간은 인공지능이 할 수 없는 일, 다른 사람과 비교할 필요가 없는 일, 즉 자신만의 온리 원을 키워 내야 한다.

　21세기는 생산성을 중시하던 산업 시대를 벗어나 새로운 세계로 빠르게 달려가고 있다. 우주와 바다를 개척하며 미지의 세계로 도전하는 사람들이 늘어나고 있다. 이런 불확실한 미래에 도전하기 위해 21세기는 창의성이 강조되는 지능 중심 시대로 점점 진화해 가고 있다. 기술을 위주로 생산성을 강조하던 산업사회의 국가 경쟁력은 이제 창의성을 가진 몇 명의 아이디어에 의해 좌우되고 있다. 즉 자신만의 온리 원을 가진 사람이 세상을 이끌어 가고 있다. 마이크로소프트사의 빌 게이츠, 영화 〈아바타〉를 만든 제임스 캐머런 감독, 애플사의 창립자 스티브 잡스, 소프트뱅크사의 창립자 손정의, 중국 최대 전자상거래 업체 알리바바 그룹의 창립자 마윈馬雲 같은 사람들은 창의성 하나로 세계를 움직인 인물들이다. 이들은 기존 산업사회의 틀 속에 안주하지 않고 자신만의 강점을 이용하여 온리 원을 거머쥐었다. 그렇기에 교육정책가들은 이런 창의적 인재를 양성하려는 목적으로 교육정책을 만든다. 또 많은 부모들은 자녀가 이런 창의적 교육을 통해 글로벌 리더로 성장해 가길 바란다.

세계를 움직이는 사람들 중에는 이미 10대에 이 같은 두각을 나타낸 이들을 쉽게 찾아볼 수 있다. 환경운동가이자 동화 작가인 조너선 리도 그중 하나이다. 한국계 미국인인 조너선 리는 열 살이던 2007년에 인터넷 홈페이지에 자신이 그린 만화 〈고 그린 맨 Go Green Man〉을 연재했다. 이 동화는 무려 두 달 만에 조회수 10만 건을 넘기며 미국 내에서 화제를 불러일으켰고 이후 조너선은 환경평화운동가가 되었다. 조너선은 아마존 밀림이 벌목되는 다큐멘터리를 보고 〈고 그린 맨〉을 그리기 시작했다. 그 뒤 조너선은 전 세계 청소년들에게 환경의 소중함을 알리기 위해 세계청소년환경연대 International Cooperation of Environmental Youth, ICEY를 만들어 활동하며 이제는 세계 평화를 위해 활동하는 평화운동 대사로 그 활동 영역을 넓혀 가고 있다.

열한 살의 네덜란드 소년 유르 헤르만스는 유로존 해체 방안을 제시하여 '울프슨 경제학상' 후보에 이름을 올려 화제가 되었다. 비록 최종 5인 그룹에 들지는 못했지만 단순하면서도 기발한 헤르만스의 아이디어는 많은 사람들을 경탄하게 했다.

어린이 재능 기부왕 잭 핸더슨의 이야기도 빼놓을 수 없다. 자기가 그린 그림을 가지고 막내 동생이 다니는 병원에 기부를 하겠다는 철없는 일곱 살 아이. 엄마, 아빠가 벌인 좌판 옆에서 그림을 그려 2011년 홈페이지를 만들고 기부금을 모으기 시작해 순식간에 세상 사람들의 마음을 움직인 잭 핸더슨은 사람들을 감동시키는 일에는 나이가 상관없을 세상에 보여 주었다.

창의적인 사고를 바탕으로 자신의 관심사를 자신만의 방법으로 표현하는 10대들은 이제 이 세계를 움직이는 주역으로 발돋움하고 있다. 우리는 이런 다양한 영재들의 행보를 관심을 가지고 지켜볼 필요가 있다.

이 아이들에게는 어떤 공통점이 있을까? 이들 10대 리더들의 특징은 호기심에 기반한 자발적인 탐구심이다. 다른 사람들의 생각과 스스로를 제한하는 한계를 극복하고 자신들의 관심사를 자신만의 방법으로 표현할 줄 아는 명민함이 이들에게는 있었다. 자신만이 할 수 있는 온리 원을 가진 아이들이라고 할 수 있다.

이렇게 창의적 인재들에 의해 세상이 움직이고 있는 시대에 인재의 육성은 아이들이 가지고 있는 잠재력을 강화하고 기르는 것에서부터 시작해야 한다. 잠재력이란 아직은 드러나지 않은 숨은 강점을 말한다. 잠재력은 교과 성적이나 천재성으로 나타나기도 하지만 이것이 꼭 일치하는 것은 아니다. 많은 부모들은 자신의 아이가 천재이길 바란다. 또는 교과 성적이 우수하길 바란다. 하지만 천재는 노력하거나 계발하지 않아도 되는, 타고난 지능과 재주가 있는 사람이다. 이들 천재는 한 분야에서 천재성을 발휘하기도 하지만 다방면에서 능력을 두루 갖춘 경우가 많다. 그러나 이런 천재는 그리 많지 않으며, 또 길러지지도 않는다. 따라서 국영수 중심의 교과 성적을 키운다고 모두 천재가 되는 것은 아니다.

온리 원을 가진 창의력 있는 아이를 키우기 위해 우리 교육은 아이들의 잠재력에 초점을 맞춰야 한다. 잠재력을 지닌 아이는 적절한 교육과 환경이 따라 준다면 타고난 강점과 능력이 빛을 발하게 된다. 대부분의 아이들은 이런 잠재력을 지니고 있다. 천재는 아니지만 자기가 가진 것을 계발하고 노력함으로써, 보통 이상의 능력을 발휘할 수 있다. 다른 사람과 구별되는 자신만의 능력을 바탕으로 노력한다면 온리 원을 가진 사람이 될 수 있다.

그리고 홀라크라시에서 필요한 또 한 가지 역량은 **협동**이다. 홀라크라시는 프로젝트를 성공시키기 위해 팀을 운영한다. 팀을 이끌기 위해 명령하고 장악하는 보스는 없지만 프로젝트를 이끌 리더는 존재한다. 팀에 상명하달식의 획일적이고 수직적인 계급 구조는 없지만, 소통과 협력을 바탕으로 문제를 해결하는 수평적 관계의 구성원은 필요하다. 또 특별한 목적을 달성하기 위해 팀으로 운영되는 프로젝트에서는 리더를 포함한 구성원들이 서로 긴밀하게 협력해야 한다. 팀 중심으로 진행되는 개별 프로젝트는 프로젝트의 성공을 위해 많은 구성원들이 각자 자신의 온리 원을 가지고 또 다른 온리 원을 가진 사람과 만나는 것이므로 자유롭고 원활한 소통을 거쳐 협업을 해야 하는 까닭이다. 이때 소통을 통한 협업을 위해서는 명령이 아닌 상호 협동의 자세를 갖추어야 한다. 그렇기 때문에 홀라크라시가 요구하는 또 하나의 역량으로 협동을 드는 것이다. 협동하는 자세로 공동체와 함께할 수 없는 개인은 이제 어떤 프로젝트든 참여하기 어렵다. 우리 사회가 글로벌 인재의 조건으로 인성을 첫 번째로 꼽는 이유이다.

자기주도력과 창의력

　불확실한 미래에서 살아남기 위해 우리 아이들은 자기주도력을 키워야 한다. 정답이 없는 세상에 내던져진 까닭에 아이들이 스스로 정답을 찾아가야 하기 때문이다. 자기주도력이 없이 정답에만 의존하는 아이들은 정답이 없는 세계에서는 한 발자국도 움직일 수 없을 것이다. 이제 교육은 정답이 없는 세계에서도 자신의 길을 찾아가도록 자기주도력을 키우는 방향에 치중해야 한다.

　어느 시대나 그 시대에 가장 성공한 사람은 그 시대에 적합한 정보와 기술을 가진 사람일 것이다. 따라서 성공한 리더를 만들기 위해서는 당대에 적합한 정보와 기술을 가르치고 제공해야 한다. 대한민국의 기성세대인 30대 이상 60대까지의 사람들에게 필요한 정보와 기술은 어디에서 얻을 수 있었을까? 이들에게 필요했던 기술과 정보는 '국영수사과음미체'로 익숙한 교과 교육에 있었다. 교과 교육을 잘 받아서 우수한 성적을 얻으면 좋은 대학을 가고 좋은 대학을 나오면 안정적이고 좋은 직장에 들어가서 남부럽지 않은 삶을 살 수 있었다. 이런 시각으로 본다면 자기주도력은 스스로 알아서 학습 계획을 세우고, 성실하게 이를 실천하여 국어, 영어, 수학 성적을 높이는 것이다. 그래서 '국영수'를 중심으로 공부를 잘하는 아이들을 대개 자기주도력이 높다고 말한다.

그렇지만 지능정보화 시대에는 공부를 잘하는 방식이 달라졌다. 어느 미래학자는 2030년까지 20억 개 이상의 일자리가 소멸될 것이라고 예측했고 현존하는 일자리의 80퍼센트가 소멸되거나 변환된다고 예측한 보고서도 나왔다. 사물인터넷, 클라우드, 첨단 로봇, 자율주행 자동차, 차세대 유전체 지도, 3D 프린터, 신재생 에너지 등의 신기술이 종래의 기술을 완전히 소멸시킬 수도 있다고 말한다. IT(Information Technology: 정보통신기술), BT(Biology Technology: 생명공학 기술), NT(Nano Technology: 나노 기술), ET(Environmental Technology: 환경공학 기술), CT(Culture Technology: 문화콘텐츠 기술), ST(Space Technology: 우주항공 기술) 등 미래를 이끌 6대 유망 신기술 분야의 새로운 직업들도 다양한 형태로 등장하게 된다. 이런 시대를 살아가기 위해 필요하고 적합한 정보와 기술은 어디에 많을까? 어디에서 이 시대에 필요한 정보와 기술을 얻어야 할까? 답은 의외로 간단하다. 바로 인터넷이다.

인터넷 안에는 수많은 사람들에 의해 제공되는 엄청난 양의 정보가 가득하다. 그런데 문제는 이 많은 정보와 기술을 모두 공부할 수 없다는 현실이다. 차고 넘치는 기술과 정보 가운데 어떤 것들을 공부해야 시대에 적합한 것인지 알 수가 없다. 더구나 정보와 기술 모두 사람보다 인공지능이 훨씬 앞서 있다. 이제 지식을 습득하는 일에서 인공지능과 겨루어 이길 수 있는 사람은 없다. 그러니 이제까지 학교가 일방적으로 통합해 제시하던 교과목 공부로는 미래에 필요한 정보와 기술을 얻는 데 그다지 도움이 되지 않는다는 말이다. 학생의 선택권이 거의 존재하지 않는 일방적인 교육과정을 제시하는 교육으로는 미래 인재를 육성할 수 없다. 온리 원의 역량을 가진 미래의 인재로 키우기 위해서는 더욱더 개인적인 필요를 채울 수 있는 교육을 해야 한다. 개인의 잠재력을 키우기 위한 교육은 보편성을 강조하는 교육을 통해서는 이루어질 수 없다.

대한민국 교육은 국영수 중심의 교과 공부에서 벗어나야 한다. 시대가 달라졌고 정보와 기술을 취득하는 방법이 달라졌기에 교육과정은 바뀌어야 한다. 이제 교육은 누군가에 의해서 주어진 과제를 맹목적으로 공부하는 것으로는 충분하지 않다. 인터넷에 있는 수많은 정보 중에 자신에게 필요한 공부를 하는 **개별 학습**이 필요하다. 더구나 미래 사회에는 학교 교육도 바뀐다고 한다. 제이슨 시코^{Jason Siko} 교수는 초중등 공교육 지원 시스템이 2030년에는 모두 사라질 것이라 예측하였고, 미래학자 제이슨 스완슨^{Jason Swanson}도 공교육이 잠재적으로 2030년까지 사라질 것이라고 예측했다. 인구 감소로 인해 대한민국에서도 공교육 위기론이 대두되고 있다. 전 세계적으로 인터넷 기술의 발달과 MOOC ^{온라인 공개 수업} 교육을 비롯한 온라인 교육의 확장으로 개인별 재택 학습이 가능해지고 있다. 초중고에서뿐만 아니라 대학 교육까지도 온라인 교육으로 넘어가는 변혁이 일어난다. 알파고와 왓슨 같은 인공지능의 발전을 인간이 가진 지식 획득 기술로는 따라갈 수 없다. 그래서 이제부터라도 학습법이 달라져야 한다.

아이들은 이제 인터넷을 통해 제공되는 수많은 '온라인' 콘텐츠를 통해 학습해야 한다. 그런데 또 다른 문제가 생긴다. 인터넷의 수많은 정보 중에 어떤 것을 공부해야 할까? 인터넷은 말 그대로 '정보의 바다'인데 거기에 나온 것을 전부 다 공부할 수는 없다. 이제는 자신에게 필요한 것을 스스로 선택해서 공부해야 한다. 자신에게 필요한 공부를 위해 또 필요한 것은 무엇일까? 바로 자신이 누구이며, 어떤 일을 잘할 수 있는지, 어떤 재능과 가치를 가지고 있는지를 아는 일이다. 자신에 대한 충분한 이해가 먼저 우선되어야 한다. 자신을 알고 난 후에 자신이 어떤 일을 할 것인지 찾아야 한다. 그렇게 할 일을 찾으면 그때 가서야 자신이 해야 할 일에 필요한 것들을 스스로 공부하게 되어 있다.

이때는 누구도 간섭할 이유가 없다. 자신을 알고 자신이 갈 길을 찾은 아이에게 공부하라는 말은 더 이상 필요한 말이 아니다. 누가 시키지 않아도 아이는 필요한 정보를 찾아 공부하게 되어 있다. 그리고 한 걸음 더 나아가 인터넷을 통해 자신에게 필요한 것들을 가지고 와서 자신에게 맞도록 융합하고 창조하게 된다. 이렇게 스스로 자신의 길을 찾아 필요한 공부를 하는 것을 자기주도학습 Self Directed Learning 이라고 한다.

자기주도학습을 위해서 가장 필요한 것은 자기주도력이다. 그리고 이런 자기주도력을 갖춘 아이가 21세기에 필요한 창의력을 갖춘 아이가 된다. 미국의 심리학자인 J. P 길퍼드 Guilford 는 창의력을 지적 특성으로 보았으며 이 지적 능력을 일곱 가지 특성으로 구분해 문제를 볼 줄 아는 능력, 주어진 시간 안에 좀 더 많은 아이디어를 생각하는 능력, 융통성이 있는 사고 능력, 정보를 분석하고 종합하는 능력, 창의적 사고 능력, 주어진 의미를 다시 정의하는 능력, 조잡한 것을 정교하게 만드는 능력으로 설명했다. 창의력은 주어진 문제를 발견하고 다양한 아이디어를 통해 문제를 해결해 나가는 능력이다. 결국은 자기주도력을 갖춘 아이가 자신이 흥미로워하는 일을 자기주도학습하는 과정을 통해서 창의성이 발현되는 것이라고 볼 수 있다.

이 책을 시작하면서 교육의 궁극적인 목적은 행복한 성공이라고 자주 말했다. 그리고 행복한 성공은 성공한 뒤에 찾아오는 행복이 아니라 매 순간 행복한 행동을 하며, 반복된 행동을 통해 자신감을 가지고, 이 자신감을 통해 자아정체성과 자기 효능감, 자아 존중감을 찾는 것이라고 이야기했다. 그리고 이렇게 함으로써 결국 사회와 자신을 위해 필요한 곳에 헌신하는 인간으로 살아가는 것이 진정한 행복한 성공이라고 강조했다.

자기주도력을 갖춘 아이야말로 스스로 필요한 일을 찾아 문제를 해결하는 창의력을 갖춘 아이이고, 이런 능력을 갖춘 아이가 자신이 원하는 곳에 헌신하는 것이 바로 미래 사회에 성공하는 길임을 다시 한 번 강조하고 싶다. 그렇다면 자기주도력과 창의성을 갖추기 위해 아이들에게 필요한 것은 무엇일까? 바로 호기심이다. 다음 장에서는 이에 대해 좀 더 자세히 알아볼 것이다.

창의력은 주어진 문제를 발견하고 다양한 아이디어를 통해 문제를 해결해 나가는 능력이다. 결국은 자기주도력을 갖춘 아이가 자신이 흥미로워하는 일을 자기주도학습하는 과정을 통해서 창의성이 발현되는 것이라고 볼 수 있다.

호기심은 잘 챙겼니?
: 존 네이스비츠

　　21세기 지능정보화 시대로의 진입은 많은 것들을 바꾸어 놓았다. 평생직장이 사라지고 수많은 프로젝트에 참여하여 단기간 일하는 임시직이 늘어난 것도 많은 변화 가운데 하나이다. 근로자는 대규모의 안정된 직장 대신에 1인 기업 개념에 맞추어 변화한 노동시장에서 살아남아야 한다. 그러기에 한 사람이 평생 동안 참여하는 프로젝트 중심의 직장은 수백 개가 넘을 수도 있다. 거기 더해 인간은 100세 시대를 맞이하기도 했다. 그러나 늘어난 수명이 축복일 수만은 없다. 우리 아이들이 그만큼 오랫동안 노동을 해야 할 수도 있기 때문이다. 우리가 알던 방식의 '노동'은 종말을 고하고, 아이들이 살아갈 시대에는 새로운 노동 방식 속에서 끊임없이 노력을 해야 할 것이다.

이런 여러 가지 이유에서, 100세 시대는 대부분의 인류에게 두려움으로 다가올 수 있다. 오랫동안 노동을 해야만 하는 100세 시대를 살아가기 위해서는 우리의 삶 전반에 대한 생각과 태도뿐 아니라 교육에 대한 생각도 바꾸어야 한다.

급변하는 시대 속 교육 프로그램도 변화를 준비하고 있다. 그리고 아이들은 100세 시대에 대비하는 교육프로그램을 받아들이는 중이다. 현재 기성세대들은 30대를 전후로 노동시장에 진입해 20여 년간 활발히 사회생활을 하고, 대개 50대 중반을 기점으로 은퇴 및 퇴직하는 시기를 맞는다. 50대 후반에 정년퇴직을 한다면 그 뒤 남은 30~40년을 무엇을 하며 보내야 할까? 그저 할 일도 없고 맡은 역할도 없이 마지막 생애를 지루하게 시간만 때우면서 무기력하게 보내야 하는 것일까? 의미 있는 일을 찾지 않는다면, 우리는 인생의 절반 이상을 한숨 쉬는 노년으로 채울 수밖에 없다. 우리 아이들은 60대 이후의 노년기를 노후 생활이 아닌 제2, 제3의 노동 기간으로 변화시켜야 한다. 특히 미래를 살아갈 우리 아이들에게는 엄청난 노동 기간을 살아갈 새로운 교육 프로그램이 필요하다. 첫 직장에서 정년을 보내고 난 뒤에 남은 50년 이상을 무기력한 노년으로 보낼 수는 없는 노릇이다.

정년을 맞이한 50대와 60대 이후의 기간을 두 번째 삶으로 받아들이고 의미 있는 삶을 살려면 현재 아이들은 무엇을 준비해야 할까? 답은 '교육'에 있다. 지속적으로 교육을 받고 끊임없이 배우는 시간만이 두 번째 인생을 가치 있게 만들어 줄 수 있다. 왜냐하면 기술은 끝없이 변하고 있고 정보는 늘 새롭게 만들어지기 때문이다. 새로운 정보를 받아들이지 않으면 일자리를 얻을 수 없다. 과거 학창 시절에 배웠던 지식들은 더 이상 사용할 수 없게 될 것이다. 그래서 새로운 정보를 받아들이기 위해 지속적으로 교육받고 공부해야 한다. 이른바 **평생교육의 시대**가 온 것이다.

아이들은 이제 평생토록 교육을 받으며 살아야 한다. 평생교육 시대의 교육은 학교 교육을 통해서만 이루어지지 않는다. 상황에 따라, 필요에 따라 다양한 형태의 교육이 다양한 장소에서 제공된다.

지역사회를 중심으로 도서관이나 문화회관 또는 주민자치센터와 마을회관 등을 통해서 다양한 교육의 기회가 적절히 주어진다. 때로는 방송으로 때로는 강연회에서 때로는 서점이나 커피숍에서도 얼마든지 교육이 이루어지므로, 누구나 원하기만 하면 다양한 매체를 통해 교육받을 수 있다.

그렇다면 이런 새로운 교육 시스템에 적응하고 살아남기 위해 우리 아이들은 어떤 능력을 가지고 있어야 할까? 평생교육 시대에 필요한 능력은 무엇일까? 미래학자 존 네이스비츠^{John Naisbitts}는 21세기를 "하이테크에서 하이터치의 기술이 필요한 시대"라고 부르며 "교육받을 기간이 장기간으로 이행되고 있기 때문에 자기주도적 학습이 활발하게 진행되어야 한다"고 말한다. 존 네이스비츠는 이 같은 자기주도학습의 시대에 학습자에게 필요한 것은 바로 호기심이라고 지적하며, "호기심이야말로 성공의 열쇠"라고 거듭 강조한다.

그렇다면 호기심은 어디서 나올까? 호기심은 끊임없는 관심에서 나오며 관심은 자신과 세상에 대한 자존감이 있을 때 나타난다. 우리 아이들이 끊임없는 호기심을 가지고 세상을 살아가려면 결국 자신에게 알맞은 일을 선택해야 한다.

미래학자인 피터 드러커 Peter Drucker 역시 "지식사회에서의 교육을 받은 사람이란 학습을 하는 법을 배우는 사람이며, 그것도 평생 동안 지속적으로 공부하는 사람이다"라고 말했다. 그는 "표현력이 성공의 열쇠"라고도 했다.

피터 드러커가 말하는 미래 성공의 열쇠인 표현력은 어디에서 나올까? 요즘 시대에 표현은 글, 노래, 춤, 음악, 그림, 블로그, 사진, 옷 건축물 등 다양한 방법으로 드러난다. 그렇다면 어떤 사람이 표현을 잘할까? 아마도 자신감 있는 사람이 표현을 잘할 것이다. 자신감은 자신이 무엇을 잘하고 있다는 믿음이다. 결국 자신이 무엇을 잘하고 있다는 믿음은 자존감에서 나오는 것이기에 자신감도 자존감이 있어야 한다. 피터 드러커가 성공의 열쇠라 말한 표현력은 자존감이 있는 사람에게서 나온다.

존 네이스비츠가 말하는 호기심이나 피터 드러커가 말하는 표현력 모두 자존감이 있는 사람에게서 나타나는 현상이다. 자존감이 있는 사람이 자신감이 있어 표현을 잘하며, 자존감이 있는 사람이 호기심을 가지고 매사에 긍정적으로 반응하는 것이다. 다시 말해 아이들이 미래에 성공하기 위해서는 자존감이 필요하다.

2장에서는 시대의 변화와 그에 따라 새롭게 나타나는 사회 구조를 설명하면서 홀라크라시에 대한 이야기를 소개했다. 새로운 통치 구조가 나타나는 시대에 행복한 리더로 성공하기 위해서는 다양한 프로젝트에 참여해야 하고, 이러한 사회의 프로젝트에 참여하기 위해 아이들에게 필요한 역량으로 온리 원과 협동, 창의력, 자기주도력을 제시했다. 그리고 그런 역량과 더불어 호기심, 표현력 등에 대해 짧은 소견을 이야기했다. 새로운 시대에서 아이들은 교과 지식보다는 온리 원과 협동, 창의력, 자기주도력, 호기심, 표현력 같은 역량을 갖추어야 한다. 그리고 부모들은 아이들이 자신만의 강점을 찾고 다른 이와 협동하며 스스로 문제를 발견하고 해결할 수 있도록 이게 걸맞은 교육을 제공해야 한다. 3장에서는 이런 역량들을 키울 수 있는 자존감에 대해 살펴볼 것이다.

3장

자존감을 가진 아이가 스스로 선다

모두가 영웅인 사회

나는 강연장에서 종종 아이들에게 이렇게 말한다.

"청소년들이여, 리더가 되십시오."

대부분의 아이들은 이 말에 동조하지만, 간혹 내 말에 반문하며 의문을 제기하는 아이들이 있다.

"선생님, 저는 리더가 되기 싫어요. 그냥 평범하게 살고 싶어요. 왜 모든 사람을 리더로 만들려고 하시는 거예요?"

아마도 이 아이가 머릿속으로 그리는 리더는 지도자, 통치자, 고위직 간부 등일 것이다. 그리고 이 아이는 리더라는 단어와 함께 카리스마, 통찰력 같은 단어를 떠올렸으리라.

그러나 미래 사회의 리더는 하이어라키 구조의 꼭대기라고 할 수 있는 높은 자리, 유명한 자리, 힘 있는 자리, 최고의 자리를 차지한 채 아래 사람들을 이끌고 나가는 자들을 말하는 것이 아니다. 우리 아이들은 적어도 홀라크라시의 통치 조직이 일반화된 사회에서 살아갈 것이고, 이런 사회에서는 지위의 높낮이와 상관없이 각자의 삶에서 자신을 이끌고 나가는 리더가 되는 것이 진정한 리더의 개념일 것이기 때문이다.

21세기 리더는 자기의 삶을 타인에게 의존하지 않고 자신이 이끌고 나가는 리더, 자신의 꿈을 만들고 자신의 시간을 관리하며 자신에게 주어진 가치를 발견하고 키워 나가는 리더, 그리고 자신의 역량을 가지고 이 사회에 헌신하는 리더이다. 이런 리더만이 진정한 리더로 대접받을 것이다. 적어도 21세기에는 자기만의 이익을 추구하는 폭군 같은 리더는 설 자리가 없어질 것이다. 스스로의 삶을 이끌고 나가면서 타인의 삶도 발전할 수 있는 방향으로 이끌어 주는 지도자가 21세기를 이끄는 진정한 리더가 될 것이다.

새로운 통치 조직이 나타나고 새로운 소통이 필요한 이 시대에 아이들을 어떻게 키워야 미래의 리더로 자라고 행복하게 성공하는 사람이 되게 할 수 있을까? 부모라면 이런 걱정을 놓을 수가 없다. 우리 아이만의 '온리 원'을 키워 주기 위해서 창의성 교육을 어떻게 해야 할지, 협동하는 아이로 키우기 위해 인성과 소통 능력을 어떻게 키워야 할지 부모들은 생각이 많다. 호기심과 표현력을 가진 아이가 자기주도력이 생긴다는데 이것은 어떻게 하면 길러 줄 수 있는지, 이를 위해 부모가 갖추어야 할 소양은 무엇인지도 고민이 많다. 거기다가 교육에 대해서는 기, 승, 전, 대학이라는 공식을 갖고 있는 부모들이기에 대학까지 신경을 쓰다 보면 불안할 수밖에 없다.

이런 부모들의 고민과 걱정을 알기에 대한민국에는 다양하게 이름 붙은 교육들이 지천에 널려 있다. 입시 교육, 독서 교육, 토론 교육, 진로 교육, 창의성 교육, 인성 교육, 리더십 교육, 자기주도 학습법, 창의 체험 활동, 코딩 교육, 조기 영어 교육 등 너무 많은 교육들이 공교육과 사교육 가릴 것 없이 부모들을 유혹한다.

유행처럼 새로운 교육이 나올 때마다 부모들과 아이들은 더욱 혼란에 빠진다. 이러한 교육들은 다들 저마다 독특한 학습법을 제시하며 부모의 불안 심리를 자극한다. 창의성과 자기주도력, 인성을 모두 다 잡을 수 있다고 자신하며 대학 입시도 해결할 수 있다고 선전한다. 그러면 부모들은 이런 홍보 문구에 자극 받아 노후 자금으로도 부족한 지갑을 주저 없이 열기에 이른다.

그러나 실제로 교육 시장에 뛰어들다 보면 어떤 교육으로도 부모들의 불안한 마음을 채울 수 없음을 곧 깨닫게 된다. 이미 충분히 많은 시간과 돈을 투자했지만 부모들은 만족할 수 없다. 여전히 부모들은 아이를 위해 뭐라도 하나 더 해 주어야 할 것 같고, 남들처럼 해 주지 못하는 자신이 부끄럽고 미안할 따름이다. 부모들은 공교육과 사교육에서 제시된 많은 교육을 시키면 역량뿐 아니라 좋은 대학을 갈 수 있는 실력을 갖춘 아이가 될 것이라 믿었지만 나타난 현상은 그렇지 못하다. 교육을 하면 할수록 혼란에 빠진다. 어떻게 해야 필요한 역량을 갖추게 되는지도 알 수 없고, 꼭 그렇게 해야만 하는지에 대해서도 확신이 서지 않는다. 급기야 대학 입시의 문턱에 선 조급한 부모들과 불안한 아이들은 차라리 교과목 성적이라도 높일 수 있는 교육을 해야 한다는 오래된 믿음으로 회귀하고 만다. 일단 좋은 대학을 나와 놓고 다시 생각해 보자는 결론에 이르는 것이다.

그런데 정말 그럴까? 정말 교과목 성적을 올려 좋은 대학을 가게 하는 교육으로 코앞에 닥친 미래 사회를 대비할 수 있을까? 이것만으로 우리 아이가 미래 사회에 경쟁력을 갖추고 잘되게 할 수 있을까?

자녀를 교육하는 일이 아무리 힘들고 어렵다 해도, 그래서 좀 늦어진다 해도 부모는 바른 답을 찾아야 한다. 교육이라는 이름으로 내 아이를 실험 대상으로 삼아서는 안 된다. 아이를 위한 교육은 마치 점심 식사 한 끼를 위해 이 식당 저 식당 갈등하다가 대강 사람이 많은 식당을 따라 들어가듯 이 방법 저 방법 써 보다가 안 되면 많은 사람들이 가는 길로 따라가는 식이 되어서는 안 된다. 아이의 미래를 위한 교육은 힘겹다고 포기해서도 안 된다. 현재 부모 마음 편하자고 편의대로 교육을 해서도 안 되고, 광고와 홍

보로 유혹하는 다양한 교육을 섭렵해서도 안 된다. 교육이 잘못되면 아이의 인생이 잘못될 수 있기 때문이다.

교육하는 부모에게는 잊지 말아야 한 가지 중요한 사안이 있다. 아이는 시대에 맞는 역량을 갖춘 아이로 자라야 행복하게 성공할 수 있다는 사실이다. 이 점을 놓치면 교육은 실패할 가능성이 높다. 어떤 교육을 선택하더라도 아이의 미래와 행복한 성공을 머릿속에서 잊지 말아야 한다. 그래서 자녀 교육을 하는 부모라면 끊임없이 질문해야 한다.

'어떤 아이가 미래 사회에 성공하는 리더가 될 수 있을까?'

이 책의 처음부터 줄곧 주장해 왔지만 우리는 지속적으로 제기된 이 당연한 질문에 대답해야 한다. 우리가 알고 또 믿고 있었던 법칙이 통용되지 않는 새로운 시대를 살아갈 아이들 이야기이기 때문에 이 질문과 대답은 중요하다.

어쩌면 이 고민에 대한 해답은 알베르트 아인슈타인의 말에서 찾아볼 수 있을 것 같다. 아인슈타인은 말했다.

"성공한 사람이 되려고 하기보다 **가치 있는 사람**이 되려고 노력하라."

가치 있는 사람이 되라고 강조하는 이 이야기는 앞으로 다가오는 시대를 살아갈 우리 아이들에게 가장 중요한 조언이 될 것이다. 다가오는 시대가 어떤 상황으로 전개될지는 아무도 모른다. 그렇기 때문에 어떤 기술을 배워야 하는지 어떤 전공을 선택해야 성공할 수 있을지 정확하게 예측하는 사람도 없다. 그래서 미래의 아이는 어떤 상황이 닥쳐오더라도 그 안에서 적응하고 살아갈 수 있어야 하고 그러기 위해서는 자신만의 가치와 역량을 키워 내는 아이로 자라나야 한다.

스탠퍼드 대학교의 필립 짐바르도 Philip Zimbardo 교수는 미래 사회를 영웅이 사라진 시대라고 말한다. 21세기에는 경제적으로 거대한 계급 조직이 점차 사라지고 자유로운 1인 기업가가 등장하며, 사회는 점점 전통적인 권위로부터 급격하게 이탈하면서 개인의 능력에 따른 획득적 신분 사회로 이행한다. 문화적으로 전통적 공동체 관계가 끊어지면서 1인 가구가 늘어나고 개인의 행복 추구가 더 중요시되는 시대가 된다. 이제는 개인 모두가 똑똑해지고 자신의 의견을 중요하게 여기기 때문에 이순신 장군이나 알렉산드로스 대왕처럼 역사적으로 위대한 인물이거나 링컨 대통령, 세종대왕처럼 정치적으로 특별한 영웅 탄생이 불가능한 시대가 되고 있다. 특별한 영웅이 나타날 수 없는 이러한 시대에는 아인슈타인이 말한 것처럼 자신의 가치를 발견하고 그 가치를 실현시켜 나가는 사람이 끝없는 성공을 위해 질주하는 사람보다 더 현명한 삶을 살아가는 리더가 될 수 있을 것이다.

사람들은 이제 국가나 공동체보다 자기 자신을 더 중요하게 여기기 시작했다. 국가나 공동체의 이익을 위해 일하지만 그 일이 자신에게 피해가 된다면 결단코 하지 않으려고 한다. 시대를 아우르는 영웅을 좇기보다는 스스로가 영웅이 되기를 바란다. 자신이 최고의 전문가가 되어 자신의 일을 이끌고 나가기를 원하며 이를 위해 매진한다. 다른 사람의 성공을 마냥 축하해 주고만 있을 개인은 없다. 자기를 희생해서 영웅이나 공동체를 살리는 일보다는 자신의 헌신으로 공동체와 자신이 함께 얻을 수 있는 이익을 위해서 일하는 개인, 이것이 21세기형 개인의 모습이다.

한국교육개발원의 연구 결과에 의하면 미래 사회의 리더는 자신을 이끄는 리더십, 타인과 함께하는 리더십, 타인을 이끄는 리더십을 가진 사람일 뿐 아니라 사회에 봉사하고 헌신하는 리더십을 가진 사람이다. 미래 사회에 성공한 사람은 자기 자신을 이끌 뿐 아니라 적극적으로 사회에 필요한 일에 나서며 봉사하는 사람이어야 한다는 것이다. 어떤 사람이 그런 사람이 될 수 있을까? 타인의 강요로 남을 의식하며 억지로 희생당하는 사람이 아니라 스스로 선택하고 스스로 필요하다고 생각한 일에 자신의 역량을 사용하여 기쁨과 행복을 느끼는 사람이어야 한다. 이런 사람만이 진정한 리더라 할 수 있을 것이다.

미래의 리더는 **헌신하는 사람**이어야 한다. 똑같은 일을 하면서도 희생한다고 생각하는 사람이 있고, 그와 반대로 헌신한다고 믿는 사람이 있다. 희생이라고 생각하는 사람은 더 이상 그 일의 리더가 될 수 없다. 희생한다고 느끼기 시작하면 그 사람은 우쭐대거나 원망을 시작한다. 희생한다고 생각하는 사람과 달리 헌신한다고 믿는 사람은 자기 스스로 선택한 그 일의 성공을 위해 끝까지 기꺼이 일할 것이다. 미래의 리더는 다른 누군가의 성공을 위해 자기 자신을 희생시키는 거룩함까지 갖출 필요가 없다. 미래에는 자신이 좋아하는 일을 선택해서 자신을 이끌고, 타인과 함께하며 사회에 헌신하는 리더가 필요하다. 헌신은 자기가 잘하는 일에 자신의 몸과 능력을 기꺼이 사용하는 것이다. 능력이 없으면 헌신할 수도 없다. 부모이기에 힘겨워하면서도 돈 벌이를 하고, 가정을 돌보는 것은 희생이 아니라 헌신이다. 자신이 선택해서 고난을 감내하면서 하는 일은 헌신이다.

1장에서 행복한 성공의 새로운 공식에 대해 이야기했듯이, 사람들은 강제로 당하는 희생sacrifice이 아닌 스스로가 선택한 헌신self-sacrifice을 통해서 자아를 실현시키려고 한다. 그리고 이런 사람이야말로 진정한 리더가 될 수 있다. 헌신하는 리더는 자존감을 가진 사람이다. 자기 정체성, 자기 효능감을 중심으로 자아 존중감을 가진 사람이 곧 헌신하는 리더가 되는 것이다. 이런 리더가 되기 위해서는 자신감이 필요하고, 자신감을 갖기 위해서는 역량과 능력이 필요하다. 그리고 자기주도력, 창의력, 호기심, 표현력 같은 역량도 필수이다.

그런데 자기주도력, 창의력, 호기심, 표현력 등은 타인으로부터 배우거나 학원에서 습득할 수 있는 것들이 아니다. 이러한 역량은 아이들 스스로가 많은 경험을 하는 과정에서 배워야 한다. 하지만 역설적으로, 이런 역량을 키워 주기 위해 부모들이 노력하면 노력할수록 아이들은 해당 역량을 더욱 키우기 어렵게 된다. 그중 자기주도력은 호기심을 가진 아이에게서 나온다. 스스로 좋아서 선택한 아이들이라야만 호기심을 가지고 그 일을 스스로 한다. 자기주도력이야말로 스스로 선택한 일을 스스로 찾아갈 수 있는 역량이기 때문이다.

자기주도력을 가진 아이들은 여러 가지 문제를 해결하기 위해 다양한 시도를 하는 과정에서 해결책을 찾는다. 그리고 그 다양한 해결책을 찾아가는 그 과정이 바로 창의력이 길러지는 순간이자 발현되는 지점이다. 다양한 해결책은 혼자서 만들어 낼 수 없다. 여러 사람들이 함께 협동하는 과정을 거쳐야 하고 그 과정에서 타인과 협동하려면 인성도 더불어 갖추게 된다. 문제를 해결해 나가면서 아이들은 점점 능력을 갖게 되고 스스로에 대한 자신감이 생겨난다. 이런 자신감이 있는 아이들은 자신을 점점 밖으로 표현하게 된다. 결국 창의력, 호기심, 표현력, 인성 같은 역량들은 자신의 가치를 실현시켜 나가는 자기주도력을 갖춘 아이에게서 나타나는 공통되고 일관된 현상이라 할 수 있다.

자기주도력을 갖춘 아이는 창의력, 호기심, 표현력, 인성만 커지는 게 아니다. 부모들과 아이들이 모두 바라는, 뛰어난 교과 성적을 위해서도 자기주도력은 반드시 필요하다. 꼭 대학 입시만을 위해서는 아니지만 자기주도력이 있는 아이가 스스로 학습도 잘 하기 때문에 대학 입시에서 매우 큰 효과를 발휘할 수 있다는 이야기이다. 미래 사회의 리더이자 영웅의 필요충분조건, 바로 자기주도력이다.

사람들은 이제 시대를 아우르는 영웅을 좇기보다는 자기 스스로가 영웅이 되길 바란다. 자신의 헌신으로 공동체와 자신이 함께 얻을 수 있는 이익을 위해서 일하는 개인, 이것이 21세기형 개인의 모습이다.

이 아이를 아십니까?
: 역량은 지식으로 키울 수 없다

한 아이가 있었다.

미국의 어느 초등학교 3학년 학급 아이들이 새로 생긴 식품 회사에 견학을 갔다. 회사의 안내자를 따라 이곳저곳을 다니며 견학을 마치고 점심시간이 되었다. 대부분의 아이들은 회사에서 제공하는 메뉴에 따라 음식을 받아서 말없이 먹고 있었다. 그때 한 아이가 이렇게 이야기했다.

"저는 치킨카레라이스 주세요. 카레는 듬뿍 얹고 콜라도 큰 컵으로 하나 주세요."

참 뜬금없고 당황스러운 일이었다. 다른 아이들은 회사에서 제공하는 음식을 군말없이 먹는데 유독 이 아이만 자기가 먹고 싶은 음식을 특별히 주문하고 나선 것이다.

학교에서도 다른 아이들은 교과서 예습 복습에 매달릴 때 이 아이는 컴퓨터 수업에만 매달렸고, 관련 잡지를 읽는 일에 푹 빠졌다. 교사 입장에서 볼 때는 고집스러운 아이였다.

아이는 집에서도 마찬가지였다. 아이의 아빠는 아이에 대해 이렇게 말했다.

"열두 살 때는 엄마와 말싸움을 종종 벌였으며, 빈정거리고 말대꾸를 하며 대들기도 했지요."

부모는 이 아이를 키우는 일이 악몽 같았다고 말하기도 했다. 결국 아이는 치료를 위해 상담소에 보내지기까지 했다. 상담소에서 아이는 자신을 통제하려는 부모와 전쟁 중이라고 표현했다.

훗날 이 아이는 하버드 대학교에 들어갔다. 하지만 자기와 맞지 않는다며 학교를 그만두려고 했고, 학교 중퇴를 반대하는 아버지와 말다툼을 자주 했으며, 결국은 중퇴했다.

부모의 입장에서 볼 때 이 아이는 고집불통이고 예의가 없으며 말썽꾸러기였다. 집안도 좋고 머리도 좋았지만 자기 고집이 강했다. 교과 성적보다는 자기가 좋아하는 일에 집중했으며 부모와도 잦은 말다툼을 했던 키우기 힘든 아이. 그는 누구일까?

바로 여러분이 잘 아는 빌 게이츠이다.

빌 게이츠를 키운 그의 부모도 빌 게이츠의 말썽꾸러기 행동 때문에 고민이 많았다고 한다.

또 다른 한 아이.

이 아이는 중국의 가난한 집에서 태어났다. 아버지와 어머니는 인기 없는 무명배우였고, 벌이로는 생계를 꾸리기도 힘든 형편이었다.

아이는 어린 시절부터 공부와는 담을 쌓았다고 했다. 반혁명분자의 자손으로 친구들로부터도 따돌림을 당했다. 따돌림을 당한 분노와 의협심으로 똘똘 뭉친 이 아이는 또래 아이들과 매일 싸우며 지냈다. 그런 그에게 유일한 위안은 무협지를 읽는 일이었다. 친구들에게 따돌림을 당하고 의리 때문에 싸우느라 아이의 학교 공부는 신통치 않았다. 그는 학교 성적이 바닥을 기어서 선생님들이 걱정하는 열등생이었다.

그런 그가 잘하는 게 한 가지 있었는데, 바로 영어였다. 이 아이는 열두 살 때 선물로 받은 라디오로 영어 방송을 들으며 영어 공부를 했다. 열세 살 때도 선물로 받은 자전거로 외국인 관광객을 태우고 관광 가이드를 하며 돈을 벌었다.

그는 영어 점수는 좋았지만 10점을 못 넘기는 수학 실력 때문에 대학에 번번이 낙방했다. 두 번 대학에 낙방하고 삼수 끝에 미달된 항저우 사범대학에 간신히 합격했다. 스물다섯 살 때는 대학을 졸업하고 학원에서 영어와 국제무역을 가르치는 강사로 일했다. 그 뒤 제대로 된 새로운 직장을 얻으려 도전했으나 서른 번도 넘게 낙방을 했다.

심지어 KFC 매니저 보조 일자리에서도 탈락했다고 했다. 불우한 가정과 좋지 않은 교과 성적 그리고 삼류 대학에 그저 그런 직장을 전전하는 이 아이는 누구였을까?

바로 알리바바의 창업자 마윈이다.

빌 게이츠나 마윈은 더 이상 수식어가 필요 없을 정도로 성공한 사람들이다. 대한민국의 많은 부모들이 이들처럼 되고 싶어 하고 이런 자녀로 키울 수 있기를 기대한다. 대한민국 교육은 이런 빌 게이츠 같은 아이, 마윈과 같은 아이를 만들기 위해서 창의 인성 교육정책을 펴기도 한다. 우리 모두가 이런 사람들을 부러워하며 자신의 자녀를 이런 아이로 키우기 위해 교육에 매달리는 것이다.

우리 아이가 빌 게이츠, 마크 저커버그(Mark Zuckerberg)나 마윈 같은 사람이 되기 위해서는 그 사람들에게서 나타나는 공통점을 찾아내야 한다. 그리고 우리 아이에게 그 공통점을 갖게 하면 된다. 빌 게이츠나 마윈의 공통점은 무엇인가?

자라난 배경도 다르고 환경도 다르다. 학벌도 다르고 걸어온 길도 다르다. 그럼에도 그들에게는 공통점이 있다. 그것은 자기가 원하는 일을 위해 **끊임없이 고집스럽게 도전했다**는 것이다. 부모와 무수히 대립하면서도 자신의 길을 걸었고, 사회에서 인정하지 않는 길을 걸으면서도 자신이 좋아하는 일에 매진하며 성공을 예감했다.

그들은 주위의 반대에도 아랑곳없이 자신이 원하는 길을 선택해서 걸어갔다. 자신이 좋아하는 일을 하다 보니 실패를 하면서도 끊임없이 새로운 방법을 찾아 도전할 수 있었다. 자신들이 좋아하는 일을 찾았다는 것은 호기심이 있었다는 말이다. 그리고 그 일을 위해 부모의 반대를 무릅쓰고 도전할 수 있었던 것은 자기주도력이 있다는 말이다. 뿐만 아니라 여러 번 위기를 맞았음에도 다양한 방법을 찾아 일을 만들어 낸 것은 창의력이 뛰어났다는 방증이며, 그것들을 세상에 자신 있게 내놓는 표현력도 충분히 갖추었다는 뜻이다. 시대를 이끌어 나간 리더들은 미래 사회에 필요한 역량을 이미 갖추고 있었던 셈이다.

이제 우리는 이런 역량을 갖춘 아이를 키우기 위한 교육을 해야 한다. 물론 대한민국의 교육 전문가들도 이 사실을 다 알고 있다. 그래서 많은 전문가들에 의해 아이들의 창의력을 키우는 교육 방법이 제시되고 있고, 자기주도학습의 중요성이 더욱 강조되고 있다. 호기심과 표현력을 갖춘 리더로 성장시키기 위한 다양한 체험 학습과 리더십 인성 훈련도 많이 소개된다. 그런데 문제는 이런 역량들이 가르칠 수 있는 부분이 아니라는 점이다. 책에서 배우고 프로그램에서 배우는 창의력과 자기주도력, 인성, 호기심, 표현력은 역량이 아니라 지식에 그칠 뿐이다. 책과 교육으로는 충분히 배워서 머리로는 알고 있는데 실제로 삶에는 적용되지 않는 지식일 뿐이다. 지식은 결코 역량이 될 수 없다.

또 21세기 미래 사회를 이끌고 나갈 리더에게는 지식보다는 실질적인 역량이 필요하다. 그리고 이런 역량을 키우기 위해 자존감을 높이는 교육이 필요하다. 호기심과 표현력이 있으려면 자신감이 필요하며, 자신감이나 호기심은 자존감이 높을 때 나타나기 때문이다. 자존감이 결여된 상태에서는 스스로 시도하지 않으려 한다. 자존감이 없는 아이에게 뭔가를 시도하게 하기 위해서는 강제로 시켜야 한다. 강제로 습득된 지식은 그 아이에게 재미를 주지 않으며, 재미없는 일은 오랫동안 지속될 수 없다. 자존감은 자신의 존재를 인정받을 때 높게 나타난다. 자존감이 높은 사람은 자신을 사랑하기 때문에 호기심도 많다. 그리고 자존감이 높은 사람일수록 자신감이 있기 때문에 표현력이 생겨난다.

그렇다면 자존감이란 구체적으로 무엇일까? 자존감은 무엇이며 언제 높아질 수 있는 것일까?

자존감에 대하여

자존감은 21세기의 화두가 되었다. 현대사회에서 자존감이 그만큼 중요한 요소로 부상했기 때문이다. 자존감 自尊感, self-esteem 은 무엇일까? 일반적으로 자아 존중감을 자존감으로 줄여 표현하고 있지만, 정확히 말하면 자존감은 자기 인식(자아 개념)이다.

너새니얼 브랜든 Nathaniel Branden 은 《자존감의 여섯 기둥 The Six Pillars of Self-Esteem》에서 자아 존중감에 대하여 다음과 같이 말한다.

"자아 존중감은 우리의 사고 능력에 대한 확신, 삶의 기본적인 도전들에 대처할 수 있는 우리 능력에 대한 확신이며, 성공할 수 있고 행복할 수 있는 우리의 권리에 대한 확신, 가치감, 존경받을 가치가 있다는 느낌, 우리의 요구와 바람을 주장하고, 우리의 가치들을 성취하고, 우리의 노력의 결실을 즐길 수 있는 자격이 있다는 확신이다."

　이 말은 자아 존중감은 삶과 일을 하는 과정에서 얻어진 자기 효능감의 결과이며 자신에 대한 정체성을 확인하는 일이라는 뜻이다. 자아 존중감은 자신의 존재存在에 대한 자기 인식 중의 하나이다. 자신의 존재에 대한 자기 인식에는 자아 정체감, 자기 효능감 그리고 자아 존중감이 있다. 애매모호한 개념을 바로잡기 위해 자아 정체감, 자기 효능감, 자아 존중감에 대한 사전적 의미를 살펴보자.

　자아 정체감 ego-identity은 '자신의 성격, 취향, 가치관, 능력, 관심, 인간관, 세계관, 미래관 등에 대해 본인의 실체로 인식하는 개인의 느낌'을 말한다. 쉽게 말하면 자신이 누구인지에 대한 자신의 인식이다. 이것은 자신 스스로의 사색을 통해서도 찾을 수 있지만 다른 사람과의 관계에서 알게 될 수도 있다. 자아 정체감이 없으면 역할 혼란을 초래할 수도 있다.

　자기 효능감 self-efficacy은 개인이 스스로 상황을 극복할 수 있고 자신에게 주어진 과제를 성공적으로 수행할 수 있다는 신념이나 기대를 말한다. 과제를 수행할 수 있다는 자신의 능력에 대한 스스로의 평가이다. 자기 효능감이 높은 사람은 자신의 삶을 통제하고 자신 있게 행동하며 스스로의 결정으로 과제를 선택할 수 있다. 이런 자기 효능감은 성공적인 경험을 통해서 얻을 수 있다. 성공의 경험뿐 아니라 성공의 기억이 많을수록 자기 효능감은 높아진다. 자기 효능감은 자아 정체감과도 연결되어 있어서 상호 유기적으로 영향을 주고받는다.

자아 존중감self-esteem은 자기 존재에 대한 정서적 느낌이며, 자신의 능력과 신념에 대한 긍정적 또는 부정적 감정이다. 자기 자신을 스스로 존중하고 사랑하는 마음의 정도라고 할 수 있다. 그러니까 자존감이 높다는 말은 자기를 존중하고 사랑하는 마음이 높다는 것이고, 자기를 존중하거나 사랑하는 마음이 적을 때 자존감이 낮다고 말한다. 자아 존중감은 자아 정체감, 자기 효능감과 더불어 상호 영향을 주며 청소년기에 크게 발달한다.

자아 정체감이나 자기 효능감 그리고 자아 존중감은 서로에게 영향을 주며 유기적으로 연관성을 갖고 있다. 영아기부터 유아기, 아동기, 청소년기를 거치면서 수많은 환경과 경험 속에서 아이들은 자신의 자아 정체성을 찾기 시작하고, 성공의 행동과 실패의 행동을 반복하는 과정에서 자기 효능감을 얻게 된다. 그리고 이러한 정체성과 효능감은 자아 존중감의 높고 낮음으로 나타난다. 따라서 이 책에서는 자아 정체감, 자기 효능감, 자아 존중감을 합하여 자존감이라는 말로 부르기로 한다. 자존감이 높다는 것은 자신이 누군지를 알고, 자신의 능력을 믿으며, 스스로를 사랑하고 인

3장: 자존감을 가진 아이가 스스로 선다 **153**

정하는 마음이 높은 것이라고 말할 수 있다.

자존감에 대하여 이야기할 때는 자존심도 이야기하지 않을 수가 없다. 자존감과 자존심自尊心은 같은 마음이라고 할 수 있다. 그리고 종종 자존감과 자존심은 혼용되어 사용되기도 한다. 사전적 의미로 자존감은 "스스로 품위를 지키고 자기를 존중하는 마음"이며 자존심은 "남에게 굽히지 않고 스스로의 가치나 품위를 지키려는 마음"으로 둘 사이에 큰 차이는 없다. 스스로 품위를 지키려는 마음이라는 점에서 자존감과 자존심을 같은 말로 이해하기도 한다.

그러나 자존감과 자존심은 쓰일 때 매우 다르게 사용한다. 사전적으로는 같은 말처럼 보이지만 의미가 전혀 다르게 나타나는 것이다. 있는 그대로의 자신을 이해하고 자기에 대한 긍정적인 느낌을 주는 자존감과 달리 자존심은 타인과의 경쟁 관계 속에서 파악한 자기 열등감을 감추기 위해서 보여 주는 자기 방어적 개념이 강하다. 자존감과 자존심은 자기를 존중하는 마음의 정도에 따라 나눌 수 있다. 스스로를 존중하는 마음이 높은 경우에는 자존감이라 부르고, 그렇지 못한 경우에는 자존심이라고 부를 수 있다.

이 책에서 자존감에 관한 이야기의 대부분은 알프레트 아들러 Alfred W. Adler의 이야기에 기초해 있지만, 특히 이 부분에서는 아들러의 표현을 빌리고 싶다. 아들러는《A. 아들러 심리학 해설What

Life Should Mean to you》에서 "자기가 타인에 대해서 우월한 것처럼 행동하는 모든 사람의 배후에는 숨겨야 한다는 특별한 노력을 요구하는 열등감이 존재해 있다"라고 말한다. 열등감 있는 사람은 열등감을 감추기 위해 **오히려 우월한 것처럼 행동한다**는 점을 지적하고 있다.

이처럼 사람들은 자신의 열등감을 감추기 위해 우월한 것처럼 행동하며, 이는 곧 자존심을 보이는 행동으로 해석할 수 있다. 물론 열등감은 적당할 때는 자기 계발을 위해 필요한 감정이지만 지나칠 경우 자존심을 자극하여 폭력적이거나 회피적인 태도를 취할 수 있기 때문에 사회적으로 문제 행동을 할 가능성이 높아진다. 자존감이 높은 사람은 자신의 존재에 대해서 인정할 뿐 아니라 타인의 존재에 대해서도 인정하기에 팀워크를 이룰 수 있으며 협동을 통해 업무를 수행할 수 있다. 반면 자존감이 높지 않은 사람은 타인과의 경쟁을 통해 좋지 못한 결과를 얻거나 얻게 될 것이라는 믿음 때문에 상대방을 공격하고 흠집을 내거나 경쟁하려 한다. 또 자기 자신을 인정받지 못할 경우 절대로 협력하지 않으려 한다.

수많은 실패의 기억에 의해 열등감으로 가득한 자신을 보호하려는 감정에서 나타나는 자존심은 자존감이 낮은 상태라고 말할 수 있다. 자존심이 강한 사람은 폭력적이거나 비판적인 성향이 강할 수도 있지만 비협조적이거나 무관심으로 빠질 수도 있다. 특히 협동을 통해 미래 사회를 이끌어 가야 할 인재들의 경우 자존심이 강한 특성은 협동을 방해하기에, 자기 존재에 대한 부정적 감정으로 작용할 수밖에 없다.

여기서는 자존감과 자존심을 '자존自尊'이라고 하는 감정의 선을 기준으로 부르기로 하겠다. 즉, 감정의 선에서 높아지면 자존감으로, 낮아지면 자존심으로 부를 것이다.

자존自尊인가 자존自存인가?
: 자존감이 낮으면 자존심이 강해진다

　자존감自尊感 이야기는 자존自存으로부터 시작해야 한다. 자신의 존재에 대해 긍정적인 이해를 하는 사람은 자존감(자신을 존중하는 마음)이 높아지나 그 반대의 경우는 자존감이 낮아진다. 자존감이 낮은 상태를 '자존심이 강하다'라고 표현할 수 있다. 그렇다면 사람들은 자신의 존재를 어떤 것들을 통해 이해할까?

　사람은 태어나면서부터 즐겁고 행복하고 편안하고 안전한 것과 그렇지 못한 상황들을 경험하면서 자란다. 그리고 이런 초기 경험들은 기억에 남아 자신과 주변 상황들에 대해 또는 자기 자신에 대해 평가를 하게 만든다. 이러한 자기 평가는 긍정적일 수도 있고 그렇지 않을 수도 있지만, 각 개인은 이 같은 평가를 통해 자신의 가치를 판단하고 행동을 결정한다. 긍적적인 자기 평가는 자존감을 높여 주지만 그렇지 못했을 경우 열등감이 자리 잡고 자존심을 갖게 만든다.

그렇다면 우리 아이들은 어떤 것들을 통해서 자기 자신에 대해 인식할까?

통계청과 여성가족부가 협력하여 작성한 〈2018 청소년통계〉에 따르면, 청소년들은 고민전화 1388에서 대인관계(18.2%), 정신건강(13.7%), 학업·진로(11.7%) 순으로 상담한 것으로 나타났다. 청소년기에는 급격한 신체 성장과 발달뿐만 아니라 인지 발달 및 정신적, 정서적, 사회적 발달이 급속히 일어나면서 많은 고민을 하게 된다. 청소년들에게는 이 같은 고민의 대상이 주로 자신을 이해하는 기준이라고 보면 된다.

자기 자신에 대한 이해는 의외로 단순한 것들에 대한 이해에서 시작한다. 아이들뿐 아니라 어른들도 마찬가지이다. 사람들은 자신에 대해 말할 때 외모, 집안 같은 선천적인 상태를 말한다. 또는 성적, 직장, 능력, 직급 등 후천적인 상태로 스스로를 평가하기도 한다. 자기에게 그런 조건들이 결핍되어 있다고 느낄 때 사람들은 타인과 비교하며 수치심을 갖기도 하고 열등감을 갖는다. 그리고 열등감이 심하면 수치심을 숨기기 위해 내면을 보이지 않으려고 노력하는데, 이때 나타나는 것이 자존심이다.

자존심을 내세우게 되면 그때부터는 경쟁이 시작된다. 자존심이 경쟁을 하도록 부추기는 탓이다. 그러나 반대로 자신이 생각하는 제반 조건들이 충족되어 있다고 느끼는 사람들은 스스로의 존재를 인정하고 스스로를 자존하는 마음을 갖게 된다. 그리고 이런 마음을 가진 사람일수록 상대방의 존재도 인정하고 그들과 쉽사리 협동한다.

그렇다면 아이들은 어떤 과정을 통해 자신의 존재에 대해 결핍과 충족을 알게 될까? 누가 아이에게 외모가 출중한지 외모가 형편없는지를 알게 했을까? 누가 아이에게 집안이 좋은지 그렇지 않은지 알게 했으며, 성적이 좋고 나쁜지를 알게 했을까? 누가 능력이 있고 가능성이 있는지 반대로 그런 것들이 없고 가능성이 희박한지 알려 주었을까?

아마도 많은 이들은 오랜 시간 동안 **비교를 통해서** 이 같은 정보를 얻게 되었을 것이다. 좋고 나쁜 것을 구분하고 인지하는 것은 비교에서 시작한다. 타인과 비교해서, 또는 사회가 만들어 놓은 기준에 의해서 자신이 더 갖고 있는지 덜 갖고 있는지를 알게 되고, 그 과정에서 자신이 가진 것이 좋은 것인지 좋지 않은 것인지를 알게 된다. 태어나면서부터 시작해서 성장하는 동안 아이들은 수많은 방법으로 비교를 당한다. 놀이를 할 때도 학습을 할 때도 누군가의 판단에 의해 상대적으로 비교를 당한다. 비교를 당하며 아이들은 열등감과 우월감을 갖는다. 그리고 이러한 열등감과 우월감은 자존심으로 표출될 가능성이 많다. 왜냐하면 자존심은 경쟁 관계에서 이기려는 마음에서 나타나는 현상이기 때문이다.

그렇다면 누가 아이들을 비교했을까?

첫 번째는 학습된 사회적 기준에 의해 스스로가 하는 비교이다. 하이어라키 사회에서 성공하기 위해서는 더 많이 가져야 하고 더 좋은 대학에 들어가야 하고 더 많은 능력을 갖추어 경쟁에서 이겨야 한다는 사회적 기준이 은연중에 아이들에게 비교하는 일을 학습하게 했다. 성공할 수 있는 사회적 기준을 오랜 시간 직간접적으로 학습한 아이들은 스스로 자신을 타인과 또는 타인의 기준과 비교한다. 그러고는 일정한 기준에 못 미치면 낙담하고, 그 기준을 통과하면 자신감을 얻는다.

두 번째는 부모를 비롯해 가까운 어른들이 하는 비교이다. 이들 어른은 아이들에게 직접적인 영향력을 행사하여 비교한다. 이들 역시 하이어라키의 영향을 받고 있기에 아이들을 평가하고 비교하는 일에 익숙해져 있다. 그래서 아이들의 행동이나 표현이 자신들의 기대치에 맞으면 잘한다고 칭찬하지만, 기대에 미치지 못할 경우 단호한 거절의 신호를 보낸다. 자신을 능동적으로 표현하며 행동했던 아이들도 부모나 주변 사람들이 거절의 신호를 보내면 깊이 좌절하게 된다.

세 번째는 또래끼리 경쟁을 하면서 비교하는 경우이다. 아이들은 또래 아이들과 놀이나 학습을 하는 과정에서 알게 모르게 비교를 당한다. 운동을 잘하지 못하거나, 함께 어울려 놀지 못하고 따돌림을 당하는 경우, 학교 시험에서 늘 좋지 못한 성적을 받는 경우처럼 실질적으로 성취 결과가 나타나는 상황에서 아이들은 스스로 또래와 비교하고 또 주변으로부터 비교당한다. 이러한 비교에 의해 아이들은 우월감을 느끼고, 또 좌절감을 느낀다.

이처럼 아이들은 비교를 통해 자신의 존재存在에 대해 이해하기 시작한다. 비교를 통해 자기 존재에 대해 스스로 인정하고 충족된 것을 알게 될 때 자기를 존중하고 사랑하는 마음, 즉 자존自尊하는 마음이 높아진다. 반면 자신의 존재에 대해 부족하다 느끼며 결핍된 것들을 많이 알 때 자존하는 마음이 낮아진다.

저는 밤새 춤을 춰요
: 인정 욕구와 자존감

어느 날, 내가 담임을 맡은 반의 한 아이가 교무실에 나타났다. 부른 적도 없고 잘못한 일도 없는데, 제 발로 찾아온 터였다.

"선생님!"

아이는 내게 오더니 반갑게 인사를 했다.

"오! 준서야. 어서 와. 교무실에는 웬일이냐?"

나도 반갑게 아이를 맞아 주었다. 아이는 쑥스러운 듯이 자신의 성적표를 내밀었다. 그러고는 성적표를 봐 달라고 했다.

아이가 내놓은 성적표에는 눈여겨볼 만한 구석이 없었다. 국어도 영어도 수학도 대부분 10점대에 머물러 있었다. 그런데도 이 녀석은 성적표를 내밀고는 나한테 봐 달라는 것이다.

유심히 아이의 손가락이 가리키는 곳을 보니 '92점'이라는 점수가 적혀 있었다. 체육이었다. 아이는 체육 점수 92점을 자랑하려고 온 것이다.

그제야 그날 아침 학급 조회 시간에 아이들에게 했던 말이 생각났다.

"얘들아. 무엇이 되었든 상관없어. 자기가 자랑할 일이 있으면 나에게 와서 자랑을 해 주렴. 자기 자랑을 많이 할 수 있는 사람이 잘될 사람이란다."

종종 아이들에게 이 이야기를 해 주는데 그날 아침에도 그 말을 했던 터였다.

얼른 아이의 마음을 눈치 챈 내가 말했다.

"우와, 준서야! 체육 점수가 90점이 넘었구나. 네가 체육을 좋아하고 관심 있어 하니까 이런 결과가 나온 거야. 멋지다."

아이는 쑥스러운지 뒤통수를 만지작거리면서도 입가에는 환한 미소를 지었다. 키가 180센티미터가 넘는 고등학교 2학년 사내아이였다.

나는 내친 김에 한마디를 더 해 주었다.

"넌 네가 좋아하는 일이기만 하면 매우 잘하는 녀석이야. 지금 체육 점수처럼 다른 일을 해도 잘할 수 있어. 네가 좋아하는 춤추는 일도 더 열심히 해야 해."

환하게 미소 짓는 녀석이 힘차게 대답했다.

"그럼요~ 선생님, 저는 꼭 성공해서 나중에라도 선생님 찾아

뵐 거예요. 감사합니다."

　기분 좋게 아이가 사라지는 모습을 보면서 그 아이와의 첫 만남을 떠올렸다.
　처음 담임을 맡아 학급에 들어가서 아이들에게 몇 가지 전달 사항을 이야기하고 있는데 교실 구석에서 한 녀석이 자고 있었다. 그것도 대놓고 엎드려서. 아침부터 자고 있는 녀석을 어찌 할까 고민하다가 일단은 얼굴이라도 확인하려고 등을 살짝 두드려 일어나라고 했다.
　그러나 녀석은 꿈쩍을 안 했다. 깨우는 내 손길에 살짝 반항까지 했다. 조금 얼굴을 들었다가 다시 엎드리는 녀석의 얼굴 표정에는 모든 게 다 귀찮으니 그냥 두라는 표시가 역력했다. 아이의 뜻하지 않은 반응에 민망하기도 해서 한마디 더 하려다 그만두었다.
　그러나 시간이 지날수록 아이는 더 가관이었다. 아침 늦게 학교에 오거나 말도 없이 일찍 집에 가는 날도 있었다. 아침 조회 시간뿐 아니라 학교에 등교해서 하교하기까지 거의 자다가 가는 날도 부지기수였다. 깨어 있는 시간은 쉬는 시간과 점심시간뿐이었다. 아이의 성적을 보니 완전 바닥이었다. 정말 꼴등.
　이 아이를 어찌할까 고민하면서 일주일을 보냈다. 일주일이 지나고 나서 아이와 대화를 시도했다.
　"너, 아침부터 왜 이렇게 자고 있니? 이유나 들어 보자. 타당하면 자게 해 줄게."

그랬더니 녀석은 귀찮은 표정을 하면서 조그만 목소리로 이렇게 말했다.

"춤 췄어요, 밤새."

춤추느라고 밤을 새웠다는 말이었다. 처음 아이와 만난 담임의 입장에서는 아이의 태도와 답변 모두 어이가 없었다. 더구나 진로 희망에 춤에 관한 이야기는 한마디도 언급되어 있지 않았다. 몇 마디 잔소리를 늘어놓을까 하다가 그만두고 이렇게 말했다.

"그랬구나. 밤을 새워 춤을 추고 학교에 왔으니 피곤하겠네. 좋아, 앞으로 너는 자라. 다른 애들은 낮에 공부하느라고 힘든 것처럼 너는 밤에 춤을 추느라고 잠을 못 잤으니 학교에서라도 자는 게 맞지. 앞으로 네가 자는 것 인정해 줄게."

그래도 학교에서 계속 잠만 자는 아이의 행동은 고쳐 주어야 했다. 한꺼번에 고쳐지지는 않겠지만 행동 수정은 꼭 되어야 했다. 그저 마냥 자게 하면서 잘못된 행동을 수정해 주지 않는 것은 오히려 아이를 포기했다는 신호가 될 수도 있었다. 이것은 아이 입장에서는 강력한 거부와 거절의 표현이 되기 때문이다.

'너는 더 이상 행동 수정이 불가하니 포기한다.'

아이가 이렇게 인식하게 해서는 안 되었다. 그러기에 여기에서 멈춰서는 안 되었다.

"네가 피곤해서 자는 것을 허용하는 대신 두 가지 약속은 꼭 지켜야 한다. 반 전체의 운영을 위해서 네가 꼭 해야 할 것이 있어. 한 가지는 등하교 시간을 철저하게 지키는 거야. 그리고 또 한 가지는 네가 맡은 청소 담당 구역을 깨끗이 관리하는 일이고. 담당 구역은 너 아니면 청소할 사람이 없잖니. 네가 그 약속을 지키면 춤추느라 피곤한 네가 학교에서 잘 수 있도록 담임인 내가 허락해 줄 거야."

약속을 지키겠다고 이야기한 녀석은 그날부터 더 이상 지각을 하지 않았다. 하교 시간도 지켰다. 꼭 가야 할 일이 있을 때는 담임인 내게 와서 사정을 이야기하고 갔다. 청소도 거의 대부분 약속을 지켰다. 그렇게 한두 달이 흐르도록 아이는 청소와 시간 약속을 꼭 지켰다.

그런데 어느 날부터인지 아이가 수업 시간에 안 자고 깨어 있기 시작했다. 얼굴에 미소를 보이기도 했다.

하도 신기해서 아이에게 물어봤다.

"어이, 준서. 오늘은 왜 안 자니?"

그 질문에 녀석은 웃으면서 대답했다.

"선생님, 어제는 저 춤 연습 안 했어요. 그래서 오늘은 안 자는 거예요."

놀라운 변화였다. 선생님의 질문에 웃기까지 하다니. 준서는 춤추는 일을 좋아했다. 친구들이 말하기를 춤을 꽤 잘 춘다고 했다. 그런데 집에서 아버지와 할아버지가 춤을 추는 이 아이를 거부했다. 심지어 아버지는 담임인 내게까지 "난 저 녀석이 하는 말을 절대 안 믿어요. 거짓말투성이에요. 선생님도 아이 얘기는 절대 믿지 마세요. 징그러워요"라고 말한 적도 있었다.

아이는 오랜 시간 부모로부터 인정받지 못한 채 지냈다. 그러다 보니 밖으로 나돌 수밖에 없었고, 그런 아이를 두고 부모는 계속 거부와 거절의 표현만 전달했다. 학기 초에 만난 준서는 자존감이 바닥이었고, 자존심만 가득했었다. 그런데 담임인 내가 아이가 잘하는 춤추는 일을 인정하기 시작했고 부모를 설득해서 춤추는 일을 허락하도록 권유하자 준서도 변하기 시작했다.

나와 맺은 두 가지 약속을 지킬 때마다 나는 아이를 칭찬하고 격려했다. 그 일만으로도 아이는 자신이 인정받고 있다는 사실을 알게 되었고, 자신의 일에 더 열심히 몰두했으며, 자존감을 회복시켜 가기 시작했다. 아이는 점점 웃는 모습을 많이 보여 주었고, 주말에는 댄스 동아리에서 버스킹을 했다며 자랑을 늘어놓기도 했다. 자기가 좋아하는 일을 하면서, 준서는 대부분의 시간에 깨어서 수업에 집중하는 모습을 보여 주었다. 그러더니 드디어 체육 점수가 90점이 넘었다고 나에게 자랑을 하러 온 것이었다.

준서는 고3 때 다른 학교 축제에 특별 초대 손님으로 초청받아 즐겁게 공연을 다니더니 대학에 들어가 자신의 미래를 개척하겠다는 계획을 세웠다.

지금 준서는 춤 관련 학과에 들어가서 열심히 자신의 꿈을 이루어 가고 있는 중이다.

사람은 모두 자신의 존재를 표현하기 위해 행동하며 살아간다. 인사를 하고 규칙을 지키고 숙제를 하고 놀이를 하고 의사를 표현하면서, 스스로 다른 사람들과 어울려 잘 적응할 수 있는 자기 자신을 인정받고 싶어 한다. 아이들 역시 인정받고 싶은 사회적 기대를 간직한 채 능력을 키우고, 배려와 헌신을 하며 아동에서 청소년을 거쳐 성인이 된다.

인정 욕구는 사람들이 지닌 자연스러운 욕망이다. 인정 욕구란 "모든 동식물에서 발견 가능한 생물의 욕구로, 인정을 받고자 하는 심리적 욕구"로 정의된다. 존재하는 모든 생명체에는 인정 욕구가 있다는 말이다.

다른 사람에게 인정받고 싶은 욕구를 지닌 사람은 인정받기 위해 표현하고 행동한다. 그 행동은 긍정적으로 표출되기도 하지만 때로는 반대로 표출되기도 한다. 그 행동이 긍정적이든 부정적이든 상관 없이 인정 욕구가 충족되면 성취감을 맛보게 된다.

특히 아이들은 자신의 욕망과 처지에 대해 인정받고 싶은 욕구가 많다. 더욱이 청소년기에 급격한 신체 발달로 인한 불균형을 감당하지 못하는 아이들은 외부의 인정이 더 많이 필요하다. 놀이와 학습, 타인과의 관계 및 자신의 외모와 능력에 대해 많은 사람들로부터 인정받고 싶어 한다.

아이들은 특히 권위가 있는 사람들로부터 인정받고 싶어 한다. 부모나 선생님의 인정은 아이들을 행복하게 한다. 이 가운데 부모의 인정은 다른 누구의 인정보다 매우 중요하다. 자신의 욕망과 처지에 대해 그리고 자신의 행동과 표현에 대해 인정받는 아이들은 자기 효능감과 자아 정체감이 높아진다. 즉 인정받는 아이가 자존감이 높다.

그러나 극도의 경쟁 교육을 실시하고 있는 대한민국 교육 환경 아래서 대부분의 아이는 인정받기 어려운 것이 현실이다. 경쟁에서 우위를 점하기 위해서는 현재 상태보다 더 높아져야 하며, 그것도 더 빠르게 높아져야 한다. 최고의 자리를 차지하려면 현재 상태에 만족해서는 안 되므로 지금 그 자리를 유지하고 있는 아이는 인정받을 수가 없다. 특히 그들이 가장 인정받기를 원하는 부모나 교사로부터 인정받기가 어렵다. 상대 평가로 아이들을 평가하는 대한민국 학교에서 성적이 낮은 아이들은 인정받을 수 있는 가능성이 없다고 믿기 때문에 낙담하고 좌절한다. 성적이 중간을 유지한다고 해도 더 높이 올라가지 못하면 쓸모가 없다고 생각하기에 우울해하고 실망한다. 2등은 1등이 되지 못해 낙담하고, 1등은 자리를 빼앗기지 않기 위해 자신의 현재를 인정할 수가 없다. 결국 대한민국 교육 환경에서는 어느 아이도 자신의 현재 상태를 인정받지 못하며 스스로 인정하지도 못한다. 더욱 높이 올라가라는 압력 속에서, 아이들은 자신의 현재 상태를 거절하고 있는 것이다.

거절당한 아이는 자존감이 아니라 자존심이 높아진다. 경쟁에서 이겨야만 자신의 존재를 인정받을 수 있기에 경쟁을 하고 있는 모든 아이들은 현재 상태에 머물러 있는 스스로를 거절당하고 있다고 믿는다. 자존심은 때로는 폭력성으로 드러난다. 자기 고집이 강해지고, 다른 사람을 무시할 수 있다. 자신의 의견만 옳다고 고집할 수도 있다. 이 모두가 자신에게 부족한 부분을 드러내기 싫기 때문일 수 있다. 뿐만 아니라 자존심이 강한 아이는 무기력과 비협조적인 태도로 자신의 의사를 표출할 수도 있다. 자신의 의사를 표현했다가 무시당하면 수치심이 커지기 때문이다. 거절당할 것을 두려워하는 아이는 시도 자체를 하지 않는다. 자존심이 강한 아이들은 공동체와 어울려 프로젝트를 진행할 수가 없다. 이런 아이들은 대부분 "싫어요", "못해요", "아니요"라는 표현을 자주 사용한다. 요즘 학교에서 만난 많은 아이들이 대부분 이렇다.

부모나 학교로부터 거절당한 아이들은 자신들을 인정해 주는 곳으로 갈 수밖에 없다. 아이들이 게임이나 또래 집단과의 놀이에 빠지는 이유는 바로 인정 욕구 때문이다. 적어도 또래 집단과 놀이할 때는 자신을 인정받을 수 있기 때문이다. 아이들은 게임을 통해 자신의 성취욕을 달성하면서 스스로를 인정한다. 많은 청소년들이 TV 프로그램을 보면서 인정 욕구를 충족시키는 경우도 있다. TV 프로그램 중에서도 아이들은 〈런닝맨〉 같은 예능 프로그램에 열광한다. 이미 방영한 지 오래된 프로그램인데도 다시 보기로 반복해서 시청하곤 한다. 그 이유가 무엇일까? 〈런닝맨〉 같은 프로그램에 나오는 연예인들은 대부분 무식함을 뻔뻔하게 드러낸다. 의도된 것인지 실제 그대로인지는 몰라도 이런 프로그램에 나오는 연예인들 대부분은 '상식'에 매우 약하다. 매우 기초적인 지식이나 일반 상식조차 이들은 알지 못해 전 국민에게 '무식함'을 드러내 웃음을 선사한다. 이렇게 '무식한' 처지임에도, 이들은 돈과 명예를 모두 얻었고 유명해지기까지 했다. 아이들은 '저 유명한 연예인도 모르니까 나 역시 몰라도 괜찮아', '저런 연예인도 잘나가고 있는데 나도 잘될 수 있어', '나도 알고 있는 걸 저 연예인은 모르네' 하면서 스스로를 위안하는 것이 아닐까? 잘 차려입고 격식을 갖춘 프로그램보다 망가지고 깨지고 뒹구는 진행자들을 보면서 아이들은 스스로를 인정할 출구를 찾는지도 모른다.

그렇지만 이런 게임이나 TV 프로그램 또는 또래 집단을 통해서 얻는 안도감이나 인정감은 오래가지 못한다. 실제로 인정받고 있는 것이 아니라는 것을 현실로 돌아온 아이들은 알고 있기 때문이다. 그리고 이런 잠깐의 안도감이나 인정감은 오히려 아이들을 불안하게 한다. 자신들이 그런 프로그램이나 게임에 빠져들고 친구들과 어울리면 어울릴수록 부모들로부터 더 심한 거절을 당하기 때문이다. 진심으로 자신의 존재를 인정받고 싶은 대상인 부모나 권위 있는 교사 또는 사회 기준에서 거절당하고 있다는 사실이 아이들의 자존감을 더욱 낮게 하고 자존심을 갖게 만든다.

공부는 하지 않고 춤을 춘다는 이유로 혼나기만 하는 아이가 있다. 아이는 학교와 가정에서 자꾸만 자꾸만 엇나갔다. 아이에게 진정 필요한 것은 그대로의 자신을 인정받는 일이었다.

리더와 폭군의 차이

　자녀가 어떤 사람이 되길 원하는가? 자존심이 강한 아이는 커서 자존심이 강한 사람이 되고, 자존감이 강한 아이는 커서 자존감이 강한 어른이 된다. 앞에서도 다양한 방법으로 여러 차례 거론했지만, 자존감이 큰 사람은 자아 정체감, 자기 효능감이 크기에 스스로 자기를 인정하면서 행복한 삶을 살아갈 수 있다. 하지만 자존심이 큰 사람은 자아 정체감과 자기 효능감이 약하며 경쟁을 염두에 두고 있기 때문에 성취감을 얻을 수는 있겠지만 지속적인 행복을 누리기가 어렵다. 오늘날 도덕성이 결여된 리더들의 모습을 보면서, 우리는 미래 리더의 모습에 대한 청사진을 그려 볼 수 있을 것이다. 미래의 리더가 되어야 할 아이를 어린 시절부터 자존감을 가진 아이로 키워야 할 이유가 바로 여기에 있다.

자존감을 가진 아이와 자존심을 가진 아이는 어떻게 다를까? 자존감을 가진 아이는 자신의 존재를 사랑하고 스스로 인정하는 마음이 크다. 아들러는 "개인이 삶에 대한 자신의 활동을 이해하면 그들은 자신과 타인을 위해 존경심을 갖고 태도와 행동을 바꾸려고 결정한다"고 했다. 자신에 대해 스스로 인정한다는 것은 자신의 가치와 역할에 대해 이해하고 자신의 강점이 무엇인지를 발견했음을 뜻한다. 그리고 자신이 어떤 일을 담당할 때 잘 해낼 수 있을지에 대해 알고 있다는 말이다. 이런 경우 자존감을 가진 아이는 자신뿐만 아니라 다른 사람의 존재에 대해서도 인정하고 배려할 수 있다. 다른 사람의 존재에 대해서도 인정하기에 자존감을 가진 아이는 협동하게 되고, 협동을 통해 함께 일하면서 업적을 이루며 사회에 헌신하게 된다. 이런 사람을 미래 사회에서는 리더라고 한다. 한국교육개발원의 연구 결과를 다시 한 번 상기해 보자. 미래의 리더는 자신을 이끌고, 타인과 함께하며, 타인에게 영향력을 미쳐 사회에 헌신하는 사람이다.

  공동체에 속해 있으며, 공동체가 함께 갈 수 있도록 협력하는 미래의 리더는 우리가 알고 있는 기존의 리더와는 차이가 있다. 기존의 리더는 앞에 서 있는 사람이었다. 모든 책임을 홀로 지고 갈 뿐만 아니라 그 과정에서 대부분의 권력과 이익을 독점하는 사람이다. 기존의 리더는 자신의 결정으로 공동체를 이끌고 나가야 한다는 과중한 부담감 때문에 외롭고 고통스럽다. 많은 공동체원의 의견을 듣기는 하더라도 결정은 리더의 몫이다. 그리고 모든 결정의 책임은 리더에게 있다. 이런 책임감이 그를 폭군으로 만들기도 한다. 리더는 카리스마가 있어야 하고, 통치력이 있어야 한다고 배워 왔기 때문이다. 소수 의견이라고 생각되거나 자신의 판단에 반대되는 의견들은 무시하고 나갈 줄도 알아야 한다. 따라서 리더와 의견을 달리하는 사람들에게 '폭군'으로 불리는 일이 생기기도 하는 것이다.

때로는 이런 평가를 없애기 위해 리더들이 자신의 책임을 일정 부분 공동체 구성원 중 몇 명에게 위임하기도 한다. 또 간혹 공동체 구성원의 이야기에 귀를 기울여 그 의견을 적극 반영하는 노력을 보일 때도 있다. 그러나 이런 노력으로 공동체 구성원 모두를 만족시킬 수는 없다. 이런 경우 공동체 구성원들은 리더를 원망하게 되고 리더는 스스로의 노력이 받아들여지지 않았다는 점에 분노하며 자괴감을 느낀다. 이런 자괴감은 모든 책임을 다른 사람에게 돌리게 만든다. 자기 스스로는 열심히 노력했지만 공동체 구성원들의 비협조 때문에 일이 망했다고 생각하는 것이다. 자존심이 상한 폭군 리더는 더 이상 반대 의견을 청취하지 않는다. 그리고는 다른 사람들에게 인정받지 못했다고 믿으며 자존심으로 똘똘 뭉친 채 자기 자신을 보호하려 한다.

시간이 지날수록 공동체 구성원들의 불만은 높아 가지만 폭군 리더의 힘이 강하면 강할수록 반대 의견은 겉으로 표출되지 않는다. 폭군 리더는 자신의 권위를 높이기 위해 권력을 독점하고 싶어 한다. 반대 의견을 누르기 위해 시스템을 점령하고 자신에게 찬사를 보내는 사람들의 이야기만 들으며, 시간이 흐를수록 점점 더 폭군이 되어 간다. 소수 권력 집단의 호가호위를 받으며 폭군은 자존심을 키워 갈 뿐이다.

그러나 시대가 달라졌다. 모든 개인이 자신을 똑똑하다고 믿고 있다. 자신을 리더라고 믿는 현대사회의 구성원들은 과거의 폭군 같은 리더를 원치 않는다. 이제는 도덕성이 없거나 헌신하지 않는 리더는 헌망의 대상이 아니다. 사리사욕을 채우는 이기심을 가진 리더는 구성원들의 신뢰를 잃게 된다.

우리 아이가 행복한 성공을 하기 위해서는 과거의 리더가 걸어간 길을 가도록 해서는 안 된다. 우리의 아이들은 자존감을 갖추고, 타인과 협동하여 사회에 헌신하는 리더가 되어야 한다. 자존감을 갖춘 리더가 21세기를 이끌어 나가는 진정한 영웅이다.

인성과 인성 점수

하버드 대학교 교수이자 중국의 베스트셀러 작가 쑤린苏林의 저서 《어떻게 인생을 살 것인가》에는 이런 장면이 나온다.

1998년 5월, 워싱턴 대학교에서 세계적인 부호 워런 버핏과 빌 게이츠의 초청 강연이 있었다. 이날 한 학생이 초청 연사에게 세계 최고의 부자가 될 수 있었던 비결을 물었다. 이 질문에 워런 버핏은 "비결은 인성입니다. 좋은 머리가 아니라 인성입니다"라고 답하며 인성을 강조했다. 그리고 워런 버핏의 이 답변에 대해 빌 게이츠는 "저도 버핏의 말에 100퍼센트 동의합니다"라고 답했다고 한다. 인성은 이제 21세기 사회를 이끌고 갈 리더들에게 반드시 필요한 덕목이 된 것이다.

인터넷이 전 세계의 정보를 공유하고 인공지능 기술이 점차 발전하면서 인간이 습득한 과거의 지식과 기술을 활용하는 능력만으로는 새로운 발전을 이루기 힘든 시대가 왔다. 이 시대가 요구하는 인재는 전 세계에서 시시각각 벌어지는 새로운 사태를 즉각적이고도 현명하게 해결할 수 있는 능력을 갖춘 리더, 문제를 해결하는 과정에서 새로운 아이디어를 창출하고 새로운 도약의 발판을 마련할 수 있는 역량을 갖춘 리더이다.

이런 세계적 변화에 맞추기 위해 우리나라도 2000년에 들어오면서부터 창의성 중심 교육과 그에 대한 보완책으로 인성의 중요성을 강조하고 있다. 21세기 미래 사회에서 경쟁하기 위해 새로운 대안을 찾아야만 하기 때문이다.

미래의 리더가 되어야 할 아이들에게 자기주도력, 창의력, 호기심, 표현력 외에도 **인성은 필수 요소**이다. 인성 교육이 잘 이루어지는 것 자체만으로도 우리가 원하는 미래 리더의 모습을 갖출 수가 있다. 인성 교육은 단순히 효와 충을 가르치는 예절 교육 차원으로 이해해서는 안 된다. 연구자들이 제시하는 인성 교육은 정직, 약속, 책임, 자기 관리, 자신감, 성실성, 개인 이해, 자기 존중, 용기, 인내, 겸손, 자주성, 비전과 추진력, 도전 정신 같은 개인적 차원의 요소와 배려, 희생, 타인 이해, 공동체 의식, 타인 존중, 신뢰, 친사회성, 대인관계, 질서, 정의감, 협동심, 봉사, 애국심, 인류애, 사회 헌신 같은 사회적 차원의 요소 그리고 의사결정력과 조직력, 과제 책임감, 갈등 조정, 추진력, 팀워크 같은 문제 해결적 차원의 요소로 나뉜다. 이러한 각 차원의 요소가 균형 있게 발달할 때, 우리 아이는 미래 인재로 성장할 수 있다. 인성 교육만 잘 이루어져도 우리의 아이들은 미래 인재로 성장할 수 있는 중요한 요소를 갖추는 것이다. 인성 교육을 통해 창의력도 키워지고 자기주도력도 키워지기 때문이다. 따라서 인성 교육은 창의력 교육을 보완하기 위한 보조적 수단으로 인식해서는 안 된다. 어쩌면 인성 교육 자체가 창의력 교육이고 자기주도력을 키우는 교육이 되는 셈이다.

과거에는 모든 사람들에게 정보가 개방되지 않았다. 특정한 사람들만 정보를 얻었으며, 이를 바탕으로 사회에서 좋은 지위를 얻을 수 있었다. 학력이 높을수록 정보를 얻는 데 유리했기 때문에 학력이 높으면 인재가 되는 길도 상대적으로 쉬웠다. 능력이 뛰어난 이들은 많은 정보를 소유하여 혼자만의 능력으로도 얼마든지 성공할 수 있었다.

하지만 인터넷으로 전 세계가 연결된 21세기에는 지식과 정보가 특정인에게 국한되지 않는다. 전 세계인들이 동일한 정보를 실시간으로 공유하는 게 가능해졌고, 인터넷만 있다면 지식을 습득하고 쌓을 수 있는 길이 얼마든지 열려 있다. 이제는 이미 존재하는 지식을 습득하고 활용하는 차원의 교육으로는 미래 사회의 리더를 만들 수 없다.

미래의 리더가 되기 원한다면 지식 습득 차원의 교육을 넘어서야 한다. 특히 성공한 리더로 성장하기 위해서는 새로운 지식을 생산하고 발전시킬 수 있어야 한다. 이제는 기본적인 지식의 지속적인 습득과 축적뿐 아니라 그 축적된 지식을 가지고 문제를 해결하기 위한 창의적인 역량을 발휘해야 하고 자신이 가진 지식을 어디에 어떻게 활용할지를 인식해야 하며 동시에 누구와 어떻게 협력해야 할 것인지에 대한 소통 능력까지 갖추어야 한다. 따라서 협력이 필수인 21세기 리더에게는 지식 및 인지 능력 외에 심리적 특성이라고 볼 수 있는 인성까지 반드시 필요하다.

인성의 중요성은 정부가 2015년 대한민국헌법에 따른 인간으로서의 존엄과 가치를 보장하고 〈교육기본법〉에 따른 교육 이념을 바탕으로 건전하고 올바른 인성을 갖춘 국민을 육성하여 국가 사회의 발전에 이바지함을 목적으로 하는 〈인성교육진흥법〉을 제정한 것만 보아도 알 수 있다.

> **인성교육진흥법(2015. 1. 20. 제정, 2015. 7. 21. 시행)**
> - 인성 교육이란 자신의 내면을 바르고 건전하게 가꾸고, 타인·공동체·자연과 더불어 살아가는 데 필요한 인간다운 성품과 역량을 기르는 것을 목적으로 하는 교육을 말한다.
> - 핵심 가치·덕목이란 인성 교육의 목표가 되는 것으로 예, 효, 정직, 책임, 존중, 배려, 소통, 협동 등의 마음가짐이나 사람됨과 관련되는 핵심적인 가치 또는 덕목을 말한다.

• 핵심 역량이란 핵심 가치·덕목을 적극적이고 능동적으로 실천 또는 실행하는 데 필요한 지식과 공감·소통하는 의사소통 능력이나 갈등 해결 능력 등이 통합된 능력을 말한다.

    일제 식민 강점기와 광복, 이후 이어진 전쟁과 분단의 아픔을 겪은 후 우리나라는 지속적 경제발전과 산업화, 근대화에만 역점을 두었고 그 결과 경제 기적을 이루며 단시간 내에 외형적인 성장을 이루어 냈다. 교육 역시 빠른 경제성장에 걸맞은 실력 있는 인재를 키워 내기 위해 경쟁과 목표 지향적인 방향으로 달려오기만 했다. 그 결과 인간성은 상실되고 성공 중심, 대학 입시 중심의 교육이 대한민국 교육 전반을 지배하기 시작했다. 교육은 출세와 성공을 위한 수단으로 전락했으며, 국영수 성적 중심의 경쟁 지상주의 교육이 확산되어 가는 과정에서 인성 교육과 창의성 교육은 뒷전으로 밀려나기만 했다. 오로지 점수와 성적이 지배하는 세상, 학벌이 모든 가치를 누르는 세상, 풍족한 삶을 위한 물질 만능주의의 세상, 윤택한 삶이 지상의 목적이 되어 버린 세상에서 우리 교육은 많은 문제점을 가진 쓰레기 더미가 되어 가고 있다.

    이러한 대한민국의 교육을 정상화하기 위해서는 인성 교육이 반드시 필요하다. 미래 사회를 주도할 인재, 21세기에 맞는 리더로 성장하려면 인성이 밑받침되어야 하기 때문이다. 그런데 바람직한 인성 교육은 법령 제정이나 입시 교과의 편입 같은 편의주의 정책으로는 절대로 효과를 볼 수 없다. 인성조차 점수로 따내려는 점수 사냥꾼을 기르는 정책이 아니라, 시대가 요구하는 올바른 인성을 갖춘 인재로 클 수 있도록 제반 교육과 제도적인 장치를 제대로 마련해야 한다. 우리 아이들이 바른 인성 교육을 받아 자신을 이해하고 타인을 이해하며 더 나아가 타인과 함께 바른 관계를 맺고 함께 협동하여 미래 사회의 문제를 해결할 수 있는 자존감 있는 리더로 성장하기를 이 사회의 한 어른으로서 바라고 또 바라본다.

협력이 필수인 21세기에는 지식 및 인지 능력 외에 바람직한 인성을 갖춘 리더가 반드시 필요하다.

자존감을 높이는 부모의 자세

현재 상태에 주목해라
: 자존감을 올리는 처방전

자녀의 성공을 바라는 부모는 무엇에 관심을 둘까?

아마 대부분 자녀의 미래를 염두에 두고 있을 것이다. 부모들은 자녀가 미래에 어떤 모습으로 살아가게 될지가 가장 궁금할 것이다. 아이들이 미래에 잘되기를 바라는 마음으로 관심을 갖는 것은 부모로서 매우 필요한 일이고 마땅히 해야 할 일이다. 이것이야말로 매우 자연스러운 부모의 마음이라고 인정할 수 있다.

그러나 부모들이 바라보는 아이들의 미래는 어떤 모습일까? 부모의 눈에 비친 아이들의 미래는 불안하기만 하다. 미래는 아직 오지 않았고 확실한 것은 아무것도 없기에, 모호하고 불확실한 미래에 초점을 맞추어 내 아이를 바라보면 걱정과 근심만 앞서기 마련이다. 자녀의 미래에 관심을 가지면 가질수록 부모들의 마음은

급해진다. 그렇게 급한 마음으로 자녀를 가르치다 보면 잔소리와 걱정을 늘어놓게 되어 있고, 그런 걱정 속에 아이의 자존감은 낮아질 가능성이 높다.

정말로 아이에게 행복한 미래를 갖게 하고 싶다면 부모들의 관심을 아이의 미래에서 현재로 옮겨야 한다. 오지 않은 자녀의 미래보다는 현재 상태에 주목해야 한다. 현재의 작은 행동에 성공하는 아이가 미래에 행복한 성공을 할 수 있기 때문이다.

앞에서 언급한 행복한 성공에 대해 생각해 보자.

행복한 성공의 공식, 즉 '현재의 성공을 받아들이는 것부터 시작하자'를 생각한다면 부모는 아이의 미래 성공에 대한 관심보다는 현재 아이들의 가치와 작은 성공들에 관심을 쏟을 수 있게 된다. 아이가 잘되기를 바라는 부모는 미래의 허상을 위해 채근하기보다 **현재의 아이가 행복한 일**을 할 수 있도록 도와주어야 한다. 현재 행복한 아이가 행복한 사람으로 자라나기 때문이다.

현명한 부모는 아이가 언제 좋아하는지 무엇을 가지고 놀 때 즐거워하는지 어떤 일을 흥미 있어 하는지 무엇을 하면서 기뻐하는지 지켜보고, 함께 놀고 함께 기뻐하는 일에 더 많은 시간을 할애해야 한다. 아이가 하는 말에 귀를 기울이고 그 말을 하는 아이의 마음이 어떤지를 알아채야 한다. 아이와 함께 행복했던 순간을 공유하며 그 순간들에 대해 아이에게 자주 알려 주어야 한다.

부모는 미래에 크게 성공한 후에야 행복을 이룰 것이라는 기대로 아이들을 현재의 고통 속으로 내몰아서는 안 된다. 부모의 생각대로 자라는 아이로 만들기 위해 아이를 설득하고 명령하고 훈계하고 지시하여 정작 아이가 원하지 않는 방향으로 몰아내는 일을 멈추어야 한다. 아이가 잘못되지 않기를 바라는 마음과 더 잘되기를 바라는 마음이 앞선 탓에 아이가 실패한 행동만을 지적하며 아이로 하여금 실패의 기억을 떠올리게 하고 추궁하는 일을 그만두어야 한다. 아이들은 실패를 기억하면서 무기력해지고, 경쟁하면서 두려움에 빠지고, 과장된 목표 앞에서 좌절하고 낙담하며 자존감을 잃어 간다. 미래의 아이들은 스스로 선택한 행복한 일을 하면서 원하는 상태로 나아가는 삶을 살게 놔두어야 한다. 오랜 시간 동안 거절당하고 무시당하면서 좌절하고 낙담하며 자존감을 잃은 아이는 채찍으로도 당근으로도 일어서게 할 수 없다. 강요에 의해 내몰린 아이는 자기주도력이 약해질 수밖에 없다. 그리고 자기주도력이 없는 아이는 창의력과 인성, 표현력과 호기심 같은 역량들을 제대로 갖출 수 없다.

미래 사회를 살아갈 아이들이 갖추어야 할 많은 역량은 자존감이 높은 상태에서만 길러진다. 창의력도 인성도 표현력도 호기심도 자기주도력도, 모두 자아 정체감이 있고 자기 효능감이 높으며 자아 존중감을 갖춘 사람에게서 찾아볼 수 있는 역량이다. 앞에서도 강조했듯이 자아 정체감, 자기 효능감, 자아 존중감은 곧 자존감이며 자존감이 높은 사람은 스스로를 사랑하고 존중하는 마음이 큰 어른으로 자란다. 반면 경쟁 속에서 자신을 바라보는 데에만 익숙한 사람은 스스로를 사랑하거나 존중하는 마음을 갖지 못하고 자존심만 키운 탓에 지속적인 행복을 누리기 힘든 어른으로 자라기 쉽다.

이제부터는 자존심이 아닌 자존감을 높이는 과정에 대해 이야기해 보고자 한다. 자존감이 높은 아이가 미래 사회의 다양한 문제에 직면하여 새로운 길을 찾을 수 있는 리더가 될 가능성이 높기 때문이다.

자존감이 높은 아이는 자기주도적으로 행동한다. 자기주도적인 아이가 되기 위해서 필요한 조건이 몇 가지 있다. 먼저, 앞에 나왔던 다음 도식을 떠올려 보자. 아이들은 현재 상태에서 원하는 상태로 가고 있다. 아이들은 시간의 흐름에 따라 자연히 다가오는 미래로 가는 것이 아니라 스스로가 원하는 상태를 위해 행동한다.

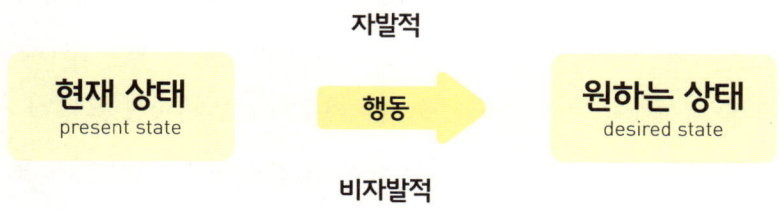

아이들이 원하는 미래는 시간이 흐른다고 해서 손에 쥐어지지 않는다. 부모나 사회에 의해서 제시된 '원하는 상태'는 아이의 자발적 행동을 이끌어 낼 수 없다. 자발적 행동이 아닌 경우 아이들은 스스로 행동하지 못한다. 원하는 상태는 **스스로 발견해야** 한다. 그러기 위해서는 아이의 현재 상태에 더 많은 관심을 두어야 한다. 현재 상태를 바르게 정립한 아이가 원하는 상태를 찾을 수 있기 때문이다.

현재 상태는 지금 겉으로 드러난 상태만을 의미하지 않는다. 아이의 성적이나 성격, 외모, 말투, 행동처럼 겉으로 드러난 상태만으로 아이의 현재 상태를 찾기보다 그 아이의 마음을 읽어 내야 한다. 어쩌면 겉으로 드러난 현재 상태가 부모의 마음에 들지 않을 수도 있다. 현재 아이가 보여 주는 성적이나 성격 등이 부모의 화를 돋울 수도 있다. 그것은 당장 눈앞에 보이는 난해한 복장 상태일 수도 있고, 거슬리는 거친 행동이나 불량한 말투일 수도 있다. 어쩌면 하루 종일 컴퓨터 앞에 앉아 게임을 하는 모습일 수도 있고 식탁에서 스마트폰만 들여다보는 행동일 수도 있다. 눈에 보이는 아이의 일거수일투족이 대부분 부모의 마음을 불편하게 하고 인상을 찌푸리게 할 수 있다. 그리고 그런 모습만 보는 부모들은 문자 그대로 아이의 현재 상태를 '절망적'으로 바라볼 수 있다.

그런데 겉으로 드러난 아이의 현재 상태 이면에는 발견하지 못한 잠재력이 들어 있고 아이만의 가치가 내재되어 있다. 그 잠재력과 가치를 찾아내는 것이 바로 '현재 상태'를 찾는 길이다.

'현재 상태'를 알기 위해서는 여러 가지 검사를 받아 보는 것이 좋다. 지능검사, 성격검사, 강점검사 등 다양한 유형의 검사들은 아이가 가지고 있는 재능과 적성을 찾아 주고 집중적으로 재능을 계발하여 동기부여를 할 수 있어서 꽤 유익하다. 하지만 이런 검사들은 대부분 지필검사로 이루어지고 당일에 치러지기 때문에 그날의 감정이나 심리 상태, 스트레스 정도에 따라 일정 부분 결과가 달라지기도 한다. 따라서 이런 검사들로 동기부여를 할 수는 있지만 전적으로 검사 결과에 의존해서는 안 된다.

아이의 현재 상태를 알기 위해 어떤 검사 프로그램을 활용하는 것보다 더 유익하고 효과적인 방법이 있다. 부모와 아이의 기억을 들춰 보는 것이다. 아이의 드러나지 않은 현재 상태는 부모와 아이의 오래된 기억에서 찾는 것이 훨씬 효과적이다. 부모는 아이의 탄생부터 지금까지 늘 함께했기에 아이에 대해 가장 많이 아는 사람이다. 부모와 아이의 기억에는 아이의 모든 성장 과정이 들어 있다. 오랜 시간이 흐르면서 다양한 이유로 잊힌 것처럼 보이지만 조용히 부모와 아이의 기억을 헤집어 보면 의미 있는 조각들을 찾을 수 있다. 그중에서 행복했던 순간을 떠올려 보자. 어떤 기대감이나 원망하는 마음으로 아이를 바라보지 말고, 있는 그대로의 아이를 바라봐야 한다. 최근에 좋은 기억이 없어서 아무리 노력해도 마땅한 기억이 떠오르지 않는다면 지난 앨범을 뒤적여서라도 추억을 소환해야 한다. 어떤 날은 아이와 이야기를 하는 중에 찾기도 해야 한다. 아이와 함께했던 좋은 기억들을 모아 보면 그 안에서 아이의 내면에 감추어져 드러나지 않은 현재 상태를 찾을 수 있기 때문이다. 이 세상 모든 부모에게는 자신의 아이가 자랑스러웠던 기억이 분명히 존재한다. 아이가 무슨 일을 하면서 행복해했는지, 어떤 말을 들었을 때 가장 즐거워했는지, 아이가 어떤 일을 하면서 많은 시간을 보냈는지, 아이가 흥미로워하며 관심을 가진 일은 무엇인지 기억해 보자. 그런 기억의 조각을 찾아 퍼즐 맞추듯 자리를 찾다 보면 비로소 내 아이의 모습이 선명하게 보일 것이다. 부모가 하나씩 자리를 찾아 맞춘 그 모습 속에 아이의 특성이 나타난다. 얼마나 웃음이 많은 아이였는지, 인사를 잘하고 친절한 아이였는지, 부모 손을 꼭 잡고 위로해 주던 살가운 아이였는지가 다 되살아난다. 장난감 정리를 잘했던 아이, 책임감이 강했던 아이, 넘어져도 금방 일어나서 다시 걷던 아이……. 아이들은 저마다 자기가 할 수 있는 일을 매우 잘하는 아이였을 것이다. 그 기억들을 모아 아이의 현재 상태를 찾는 데 힘써 주자. 예를 들어 아이가 "엄마 머리 색이 참 예뻐요"라고 말했다면 부모는 "우리 아이는 색에 민감하네", "머리 스타일에 관심이 있네", "남을 칭찬하는 마음씨가 예쁘네", "엄마를 좋아하네", "관찰력이 있네" 등 다양한 현재 상태를 찾아줄 수 있다.

아이의 현재 상태를 찾았다면 아이가 이를 기억할 수 있도록 이야기해 주어야 한다. 그리고 할 수 있다면, 아이가 했던 일을 직접 그리거나 써서 알려 주어도 좋다. 좀 더 익숙해지면 아이와 함께 머리를 맞대고 적어도 좋다.

이런 활동을 하면서 아이에게 좋았던 기억을 이야기하다 보면 아이도 그 기억을 찾아낼 수 있다. 그리고 스스로 자신을 자랑스러워하게 된다. 자랑스러운 기억을 가진 아이의 현재 상태는 자존감을 높일 수 있음을 명심하자.

백지 상태의 아이 그림에 부모가 발견한 아이의 특징들을 기록해 보자. 눈, 코, 입, 손, 발에 아이의 특성을 찾아 써 보자. 오래지 않아 부모와 아이는 아이의 다양한 현재 상태를 찾을 수 있을 것이다.

아이의 현재 상태를 알기 위해 어떤 검사 프로그램을 활용하는 것보다 더 유익하고 효과적인 방법이 있다. 부모와 아이의 기억을 들춰 보는 것이다. 그중에서 행복했던 순간을 떠올려 보자.

장점과 단점을
가르는 기준은 없다

"장점이 많아요? 단점이 많아요?"라고 질문하면 아이들은 어떤 대답을 많이 할까? 대부분의 아이들은 단점이 많다고 이야기한다. 간혹 장점이 많다고 대답하는 아이들도 있지만 그런 아이들조차 장점을 구체적으로 이야기해 보라고 하면 자신 있게 대답하지 못한다. 그러나 단점이 무엇인지 물어보면 아이들은 다양한 대답을 쏟아낸다.

아이들이 장점보다 단점을 더 자신 있게 늘어놓는 이유는 간단하다. 장점보다는 단점에 대해 더 많은 이야기를 들으며 자랐기 때문이다. 아이들은 이미 수많은 비교를 통해서 그리고 스스로 내린 비판적인 자기 평가를 통해서 좋은 점보다는 나쁜 점, 모자란 점을 깨닫는 데 더 익숙해 있다. 특히 청소년기의 아이들은 성적과 외모로 평가 기준을 세우기 때문에 또래와 비교하면서 자신의 장점보다는 부족한 점을 먼저 찾으려는 경향이 강하다. 그리고 단점을 발견하면 그 단점 하나 때문에 자신의 모든 장점을 쓸모없는 것으로 만들어 버린다.

내가 만난 어느 중학생의 이야기를 소개하고 싶다.

나는 그 학생을 지인의 부탁으로 만났다. 지인은 아이의 성적이 점점 떨어져서 고민이라며 공부하는 습관을 갖게 해 달라고 부탁해 왔다. 아이를 만나 먼저 근황 이야기를 나누었다. 아빠와 관계는 어떤지 엄마와 사이는 좋은지 동생과 친구 관계는 어떤지 등 학교생활과 가족의 분위기를 살피면서 이런저런 이야기를 나누었다. 학생은 아빠에 대한 짜증감이 심하다는 것 말고는 특별한 문제가 보이지 않았다.

아빠와의 관계에 대해 좀 더 이야기를 나누다가 한 가지 사실을 알게 되었다. 아이는 자신이 현재 외모 콤플렉스를 심하게 앓고 있다고 했다. 그런데 이 아이는 외모 콤플렉스가 있다는 것이 믿어지지 않을 만큼 예뻤다. 적당한 키에 체격도 보통이었다. 하얀 피부에 가지런한 이, 머릿결까지 나무랄 데가 없을 만큼 고운 소녀였다. 그런데 아이는 남들이 알아채지도 못할 부분에 콤플렉스가 있다고 했다. 그것 때문에 다른 아이들 앞에 나서기도 싫고 집 밖에 나가기도 싫다고 했다. 모든 사람들이 자신의 그 부분만 보는 것 같아서 자존감이 떨어진다고 말했다. 그래서 수술을 받겠다고 했지만 아빠가 심하게 반대한다며 분노를 드러냈다. 이 문제 때문에 공부는 쳐다보기도 싫다고 했다. 더 이상 아빠가 수술을 반대하면 혼자서라도 병원에 가서 수술을 받을 것이고 그것도 안 되면 죽어 버리겠다며 아이는 강경한 태도를 보였다.

이 아이는 남들은 알아채지도 못하는 신체 일부분을 단점으로 굳게 단정하고는 자신의 모든 장점을 죽여 가고 있었다. 아이의 문제는 자신의 현재 상태를 제대로 파악하지 못하고 있다는 점이었다. 아마도 **누군가에 의해서 주어진** '원하는 상태'가 이미 고정관념에 자리 잡고 있는 탓에 스스로 비교를 하며 점점 부담을 느꼈던 게 아닐까 짐작되었다. 그러한 부담감이 아이를 좌절하게 했고, 그 좌절의 핑계를 외모에서 찾아낸 것으로 보였다. 그 결과 아이는 자신의 모든 장점을 다 부정하고, 오로지 스스로 생각하는 한 가지 단점에만 집중해서 빠져나오지 않고 있는 것이다. 아이에게는 분명히, 아이의 현재 상태에 주목하지 못하고 '원하는 상태'만을 강조했던 누군가가 있었다.

자신의 현재 상태를 제대로 볼 수 있었다면 아이는 무척 행복했을 것이다. 아이는 피아노 연주 실력도 뛰어났으며, 그림 실력도 좋았다. 목소리도 예뻤고, 의사 표현도 논리적으로 나무랄 데가 없었다. 그래서 그런 부분을 집어내 아이를 격려하고 충분히 다른 부분이 예쁘다고 말해 주었지만 아무 소용이 없었다. 오히려 자신을 무시하는 말로 받아들였다. 이런 아이에게 공부 이야기는 아무런 의미가 없다. 누가 보아도 단점이 아닌 일부분의 외모 때문에 자존감을 다 잃었기 때문이다. 한 가지 단점에 깊이 집중하는 아이는 자존감이 낮아진다. 이런 현상은 청소년들에게서 많이 나타난다. 어른들도 예외가 아니다.

다음 질문에 대한 답변을 생각하면서 장점과 단점의 정체를 되짚어 보았으면 한다.

"당신에게는 단점이 많은가? 아니면 장점이 많은가?"

아마 여러분도 단점이 더 많다고 대답했을 것이다. 보통 사람들은 장점과 단점을 이야기할 때 외모, 경제적 상황, 집안, 학벌, 직장, 능력 등을 기준으로 이야기한다. 그런데 이런 개념들은 절대적 평가 기준이 아니라 상대적으로 느끼고 있는 자신의 판단일 뿐이다. 자주 만나는 사람이나 비교 대상자가 부자이거나 외모가 출중하거나 학벌이 좋으면 상대적으로 자신이 단점이 많다고 생각한다. 반대로 만나는 사람들이나 비교 대상자가 자신보다 못한 것이 많다면 자신은 장점이 많다고 생각하게 된다. 그리고 장점이 많다고 느끼는 사람은 대부분 그 장점으로 인해 우월감을 가지고 우쭐대거나 자랑하는 경향이 많고, 반면에 단점이 많다고 생각하는 사람은 그 단점 때문에 열등감을 가지고 스스로를 비난하거나 우울감에 빠지기 쉽다. 이런 현상은 모두 앞으로 다가올 미래에 대한 불안감에서 비롯한다. 너무 '원하는 상태'에만 주목하기에 나타나는 현상이다.

나는 장점과 단점으로 사람을 나누어 생각하는 것 자체가 잘못되었다고 생각한다. 사람에게는 애초부터 장점도 단점도 없다. 장점과 단점을 가르는 절대적인 기준은 없다. 이 둘을 나누는 선은 상대적인 개념일 뿐이다. 누군가에 의해서 만들어진 잣대를 들이대서 사람의 장점과 단점을 평가하는 것이다. 더구나 이 잣대는 사회적, 문화적으로 편견을 내포한 기준일 때가 많다. 따라서 사람을 장점과 단점으로 나누어 평가하는 것은 집단 폭력이며 한 사람의 가치를 실현시키지 못하도록 만드는 죄악이다. 내가 만난 위의 아이처럼 단점이라고 믿고 있는 한 가지 때문에 나머지 모든 장점을 다 죽여 버리기 때문이다.

그렇지만 장점과 단점으로 사람을 나누는 세상의 잣대를 두고 잘못된 것이니 바꾸라고 말할 수는 없다. 이미 현재 세상은 모든 것을 장점과 단점으로 나누어 보고 있으니 그것을 보지 말라 이야기하는 것은 그다지 의미가 없다. 그러나 이런 생각은 해볼 수 있다. 장점이 많은 것은 무조건 좋은 것이고, 단점이 많은 것은 무조건 나쁜 것인가? 장점과 단점으로 나누어 놓은 사람들의 일반적 기준을 따르지 않을 수는 없더라도, 적어도 장점과 단점에 대해 다른 방향에서 생각해 볼 수는 있을 것이다.

세상의 일반적인 잣대로 장점과 단점을 나누어 보면, 돈이 많거나 외모가 출중하거나 키가 크고 집안 배경이 좋은 것은 장점이다. 이런 장점이 많으면 사는 데 편리하다. 그렇지만 그런 장점이 많다고 해서 꼭 성공하는 것은 결코 아니다. 오히려 부자라는 상황이나 출중한 외모가 체면치레에 치중하게 하거나 과시용으로 작용해서 행동을 제한하는 경우에는 장점이 오히려 약점이 될 수도 있다. 또 장점이 많다고 생각하는 사람은 그 장점을 드러내 자랑하고 과시하는 경우가 많다. 사람에 따라 정도도 다르고 표현하는 방법도 다르겠지만, 은근히 또는 대놓고 자신의 장점을 자랑하는 사람을 대부분의 사람들은 외면하고 싶어 한다. 21세기에 동료로부터 외면을 당한다면 그 사람이 가지고 있는 장점이 과연 장점일까? 오히려 가장 '강력한' 약점이 될 것이다.

반대의 경우도 마찬가지이다. 경제력이나 외모가 남들보다 떨어진다고 해서 꼭 실패가 정해져 있는 것은 아니다. 물론 자신의 단점에만 집중해서 매사 소극적으로 행동하고 우울감에 빠져 살며 신세 한탄만 하면서 스스로를 고립시키는 사람이 있다면 그의 단점은 곧바로 그의 약점이 된다. 이런 경우에도 다른 사람들과 함께할 수 없으니 결국 21세기를 살아가는 데에는 치명적인 약점이라고 볼 수 있다. 그렇지만 단점을 가진 사람이 단점을 극복하고 더 적극적으로 활동해서 성과를 낸다면, 그 성과를 통해 많은 사람들에게 좋은 인상을 심어 줄 수 있다. 심지어는 단점을 극복하고 이루어 낸 성과를 보면서 장점을 가진 사람이 이루어 낸 성과보다 더 많은 응원과 박수를 보낼 것이다.

사람들에게 있는 장점이나 단점은 **그저 겉으로 드러난 현상**일 뿐이다. 사람을 장점과 단점으로 나누는 것은 사회적, 문화적 통념에 따라 만들어진 기준을 들이대서 그 사람을 평가하는 지극히 주관적인 현상이다. 다른 사람들에 의해 만들어진 장점이나 단점은 그냥 수용하면 된다. 우열을 가르는 기준으로 받아들일 것이 아니라 현존하는 상태로 받아들이고 이를 직시하면 된다. 사회적, 문화적 편견에 따라 정해진 장점과 단점을 받아들여 동요하기보다는 그냥 자신에게 있는 자연스러운 현상이라고 받아들여야 한다. 그런 후에 장점은 잘 활용하고, 단점은 잘 극복해서 강점으로 만들면 된다. 장점이 많다고 해서 자랑만 늘어놓거나 단점이 있다고 해서 원망만 늘어놓는다면 장점이든 단점이든 모두 자신에게 약점이자 장애로 작용할 것이다. 단점이 있는 경우에는 장점을 찾아 이를 잘 활용하면, 오히려 단점이 강점이 될 수도 있다.

예를 들어 한쪽 팔이 없는 장애인이 있다고 가정해 보자. 팔이 하나인 장애인은 팔이 두 개 있는 사람에 비해 분명히 단점이 있는 것이다. 그런데 그 사람에게 노래를 잘하는 재능이 있다. 이 경우에 이 사람은 팔이 하나 없다는 사실에 집중할 수도 있고, 노래를 잘하는 재능에 집중할 수도 있다. 만약 이 사람이 팔이 하나밖에 없는 자신의 단점에 집중해서 아무것도 할 수 없다고 생각하고 체념해 버린다면 이 사람은 정말 쓸모없는 사람이 될 것이다. 그렇지만 그가 노래 잘하는 재능을 살려 열심히 노력해서 무대에 선다면 사람들은 한 팔로도 근사하게 노래하는 이 사람을 정말 멋지다고 생각할 것이다. 이런 경우는 장애를 극복한 이 사람에게 팔 하나 없는 것이 오히려 강점이 될 수도 있다.

우리는 모두 사회적, 문화적 기준에 따라 만들어진 장점과 단점을 가지고 있다. 그리고 우리는 스스로 둘 중 어느 한 가지에 집중할 수 있다. 무엇에 집중하느냐는 본인의 선택이다. 장점에 집중한다면 자랑에 치우치지 말고 잘 활용해서 강점으로 만들어야 한다. 단점에 집중한다면 원망에 치중하지 말고 잘 극복해서 자신의 강점으로 만들어야 한다. 무엇을 선택하든 오로지 당신의 몫이다.

세상에 존재하는 사람 수만큼 강점도 존재한다

장점과 단점의 많고 적음은 인생을 바꾸어 놓을 수 없다. 장점과 단점으로 사람을 나누는 것 자체가 잘못이고 죄악일 뿐이다. 장점을 많이 가졌다고 생각하는 사람이 하는 '자랑질'과 단점을 많이 가졌다고 생각하는 사람이 늘어놓는 '원망질'은 모두 그 사람의 약점이 된다. 장점, 단점 여부와 관계없이 약점을 가진 사람은 미래의 리더가 될 수 없다. 그 사람은 그 약점을 숨기기 위해 자존심을 키울 것이기 때문이다. 자존심은 폭군으로서는 유용한 역량이겠지만 미래의 리더에게는 없애야 할 역량이다.

미래의 리더가 되기 위해서는 **단점과 장점을 구분하지 않는 것**이 유익하다. 사람은 누구나 자신만의 가치를 가지고 태어난다. 그 가치를 찾아내는 것이야말로 행복한 성공의 삶을 살아가는 데 매우 중요한 요소이다. 그러나 혹시 단점을 발견했다면 그 단점을 극복하면 된다. 그리고 장점을 활용해서 노력하고 행동하고 실행하다 보면 그 장점이 자신의 강점이 되어 줄 수 있다. 그리고 그 강점은 자존감을 만들어 내 스스로 움직이는 리더로 만들 것이다.

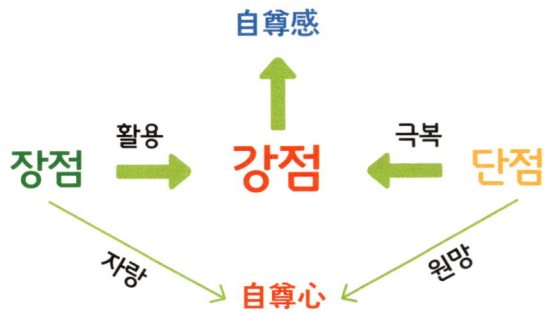

존재의 가치가 있는 사람들에게는 누구나 강점이 존재한다. 노래를 잘하는 사람, 연주를 잘하는 사람, 글을 잘 쓰는 사람, 말을 잘하는 사람, 듣기를 잘하는 사람, 관찰을 잘하는 사람, 읽기를 잘하는 사람, 흉내 내기를 잘하는 사람, 글씨를 잘 쓰는 사람, 그리기를 잘하는 사람, 만들기를 잘하는 사람, 오리기를 잘하는 사람, 정리를 잘하는 사람, 운동을 잘하는 사람. 사색을 잘하는 사람, 상상을 잘하는 사람, 배려를 잘하는 사람, 발표를 잘하는 사람, 놀기를 잘하는 사람, 섬세한 일을 잘하는 사람, 유머를 잘하는 사람, 창의성이 있는 사람, 참기를 잘하는 사람, 행동을 바르게 하는 사람,

목소리가 큰 사람, 눈이 밝은 사람, 귀가 밝은 사람, 키 큰 사람, 키 작은 사람, 미소가 예쁜 사람, 매력이 있는 사람, 긍정적인 사람, 꼼꼼한 사람, 분류를 잘하는 사람, 예민한 사람, 뭔가가 부족한 사람, 싸움을 잘하는 사람, 계산을 잘하는 사람 등등 정말 많은 강점들이 사람들에게는 있다. 세상에 존재하는 사람 수만큼 강점도 존재한다.

이런 강점 중에 어느 것 하나라도 없는 사람은 없다. 자신에게는 강점이 없다고 말하는 사람들 대부분은 그 강점을 발견하지 못했거나 그 강점이 사용될 곳을 아직 발견하지 못했을 뿐이다. 때로는 그 강점이 누군가에 의해서, 또는 사회적 통념에 의해서 억압받았기 때문에 강점이라고 인식하지 못했을 수도 있다.

어느 고등학교 2학년 학생의 이야기이다.

고등학교 2학년 남학생이 상담을 하고 싶다며 찾아왔다. 아이는 자기가 뭘 잘하는지 모르겠다고 말머리를 시작했다. 성적이 좋지 않아 어릴 적 품었던 의사의 꿈을 이룰 수는 없을 것 같고, 답답한 마음에 취미로 하고 있는 농구에 빠져 있다고 했다. 농구만 하면 신이 난다고 학생은 말했다.

실제로 아이는 운동장에서만 살아 있는 것처럼 보였다. 교실에서는 내내 잠만 잤다. 수업 시간뿐 아니라 쉬는 시간에도 잠에 빠져 있었다. 깨워도 일어나지 못할 정도로 깊은 잠이었다.

그러다 보니 공부가 점점 더 하기 싫어졌다. 초등학교 때는 공부도 곧잘 해서 성적도 좋았다고 했다. 그런데 중학교 때부터 공부를 안 하게 되었고, 점수는 점점 낮아지기 시작했다. 그런데 아이는 대학을 가야 한다고 했다. 그래서 점수에 맞춰서 체육학과를 가면 좋겠다며 자기의 생각을 늘어놓기 시작했다.

아이와 이런저런 대화를 나누면서, 나는 이 아이에게 시각적이며 감각적인 특성이 있음을 찾아냈다. 이야기를 구성하는 단어들이 대부분 '보였다', '느꼈다', '노랗다', '파랗게' 같은 것들이었기 때문이다.

그래서 그림과 관련된 어린 시절의 추억을 물어보았다. 어쩌면 그림에 재능이 있을 수 있다는 생각이 들었던 것이다. 아이는 초등학교 때 미술 대회에서 대상을 받은 경험이 있다고 대답했다. 그런데 자신은 그림을 잘 그린다고 생각해 본 적이 없다고 했다. 실제로 아이의 노트를 보면 글씨를 예쁘게 잘 쓰고, 구석구석 그림을 그려 놓은 곳이 있었다. 그리고 종이도 깔끔하게 자르는 편이고 제도를 잘했다.

그래서 아이에게 "그림을 그려 보면 어떨까?"라고 말했더니 아이는 자기는 그림을 잘 그리지도 못하고, 그림 그리는 일은 생각해 본 적도 없으며, 심지어 싫다고 했다.

그래서 다시 물었다.

"혹시 너, 그림 그린 것 있으면 내가 좀 볼 수 있을까?"

아이는 그런 것은 없다고 말했다. 그래서 다시 물었다.

"아니, 꼭 화첩이 아니어도 노트나 책에 장난 삼아 그려 놓은 게 있으면 보여 줘."

"아, 그럼 잠깐만요. 제가 가지고 올 것이 있어요."

아이는 그렇게 말하더니 총알같이 사라졌다. 이 녀석이 이렇게 빨리 행동하는 것을 본 적이 없었다. 늘 느릿느릿한 걸음에 말투도 느렸던 녀석인데……. 잠시 후 나타난 아이의 손에는 두툼한 종이 뭉치가 들려 있었다.

종이 뭉치를 펼쳐 보니 모두 아이가 연습장에 그렸던 그림이었다. 제법 오랜 기간 정성껏 그린 분량이었다. 전문가는 아니지만 제법 그럴듯하고 근사했다. 결국 아이와 그림에 대한 이야기를 다시 시작했다.

아이는 원래 그림 그리기를 좋아하는 학생이었다. 그런데 중학교 시절 집안 사정이 안 좋아지면서 아버지와 사이가 나빠졌고, 그림 그리는 일을 그만두게 되었다고 했다. "그림 그려서 뭐 해 먹고 살 거냐?"라는 이야기를 들으며 그림을 포기하기로 했고, 그 이후로 아무것도 할 것이 없는 아이가 되어 버렸다고 했다. 자신이 잘하는 일을 거절당한 이후로 아이는 스스로를 쓸모없는 아이로 만들어 버린 것이다.

아이는 이날 그림에 대한 꿈을 다시 갖게 되었고, 부모와의 상담을 통해 다시 그림을 그리기 시작했다. 좋아하는 일을 다시 시작한 아이의 모습은 완전히 달라졌다. 목소리도 걸음걸이도 힘이 넘쳤다. 그리고 수업 시간에 잠자는 일이 사라졌다.

아이들은 자신이 지닌 강점을 자주 사용하고 인정받을 때 비로소 그것을 강점으로 인식하게 되고 나아가 더 큰 강점으로 발전시킨다. 그런데 이런 강점이 누군가에 의해 억압받거나 강제로 종용당한다면 좋지 않은 기억과 함께 강점을 잃을 수 있다. 아동의 창의성을 연구한 엘리스 폴 토랜스 Ellis Paul Torrance는 "대부분의 아동에게 창의성이 나타나지만 성장하면서 순종에 대한 사회적 압력으로 인해 창의성이 상실된다"고 했다. 사람에게는 창의성뿐 아니라 강점이 모두 있지만, 성장하면서 수많은 거절과 압력 때문에 자라나지 못한 채 감추어지게 된다는 것이다. 대부분의 사람들이 목적 중심으로 세상을 살아가면서 자신과 자녀의 성공을 계획하다 보니 자신 또는 자녀에 대해서는 강점을 발견하기보다는 약점을 먼저 찾아내 그것을 지적하게 되고 그런 과정에서 강점마저 사라지게 되는 것이다.

마커스 버킹엄 Marcus Buckingham은 《위대한 나의 발견 강점 혁명 Now, Discover Your Strengths》에서 "약점을 보완하려 하기보다는 강점을 최우선으로 키워 나가라"고 주장했다. 더 행복한 삶을 살기 위해 우리는 자신과 자녀의 강점을 찾아내는 일을 해야 한다. 강점을 찾아내 그 일에 몰입할 때 즐거움이 찾아오고 즐겁게 그 일을 반복하는 동안 그 강점은 능력으로 길러지기 때문이다. 때로는 부족하고 힘든 상황에서 감정이 더 빛날 수 있다. 불우한 어린 시절을 극복하고 최고의 진행자가 된 오프라 윈프리 Oprah Gail Winfrey나 화상의 상처를 딛고 일어선 이지선처럼, 우리 주변에는 자신의 강점으로 위기를 극복한 사람들이 얼마든지 많다. 각자, 저마다 자신의 강점을 찾자. 우리 자신에게서 강점을 찾을 때 우리는 가치 있는 삶을 살 수 있으며, 이때의 강점이야말로 우리가 세상을 살아가게 하는 힘이 되어 줄 것이다.

자신에게는 강점이 없다고 말하는 사람들 대부분은 그 강점을 발견하지 못했거나 그 강점이 사용될 곳을 아직 발견하지 못했을 뿐이다.

단점 요리하기
: 단점을 극복하는 세 가지 기술

　장점을 활용하여 강점을 만들기 위해서는 단점을 극복할 수 있어야 한다. 그러나 단점을 극복하는 것은 그리 쉬운 일이 아니다. 그럼에도 단점은 극복되어야 한다. 원래부터 단점은 장점과 비교 과정에서 만들어진 잘못된 평가이기에 단점을 극복하는 일은 평가로부터 자유로워지는 일이다. 타인의 평가로부터 자유로워지기 위해서는 스스로 자신에 대해 좋은 평가를 해 주거나 부모에 의해 좋은 평가를 받으면 된다.

　단점을 극복하기 위한 첫 번째 방법은 '단점을 장점으로 전환하는 것'이다. 사회적, 문화적 기준에 의해 만들어진 단점 중에는 시각만 바꾸면 얼마든지 장점으로 바꿀 수 있는 것들이 많다. 아이들에게 자신이 가진 단점이 무엇인지 물어보면 대부분 '말이 많다', '오지랖이 넓다', ' 소심하다', '말수가 적다', '급하다', '느리다', '성적이 낮다', '못생겼다', '너무 많이 먹는다', '힘만 세다', '오래 앉아 있지 못한다', '말썽이 많다' 등등의 대답을 내놓는다.

그런데 단점이라고 하는 것들이 경우에 따라서는 장점이 될 수 있는 경우가 많다. 말이 많은 것도 단점이고 말이 없는 것도 단점이며 급한 것도 단점이고 느린 것도 단점이라면 세상에 단점이 아닌 게 어디 있을까? 똑같은 현상을 놓고도 평가하는 사람의 입장에 따라 모두 단점으로 보일 수도 있다는 말이다. 다시 말해, 우리가 생각하는 대부분의 단점이란 **진짜 단점이 아니라는 것**이다. 이런 경우는 단점이라고 평가받은 사실을 장점으로 바꾸어 표현하면 된다. '말이 많다'는 '표현력이 좋다', '아는 게 많다', '재미있다'로, '말수가 적다'는 '신중하다', '생각이 많다', '배려심이 있다' 등으로 바꿀 수 있다. '오지랖이 넓다'는 '정이 많다', '관심이 많다'로, '급하다'는 '민첩하다', '행동력이 있다', '주도성이 있다'로 바꿀 수 있으며 '너무 많이 먹는다', '힘만 세다'는 '먹성이 좋아서 잘 먹고 그래서 힘도 세다'로 인식을 바꾸면 얼마든지 장점으로 바꿀 수 있다. 아이에게 장점이 많다고 알려 주어야 아이는 장점을 이용해서 강점을 만들 수 있다. 장점을 자랑만 하는 것이 아니라 장점을 발견하고 그 장점을 활용하다 보면 강점이 만들어질 수 있다.

단점을	장점으로 인식 전환하기	강점으로 만들기
말이 많다.	자신의 생각과 감정에 솔직하다.	진정성 있게 말을 많이 하는 언론인, 강연가로 활동하기
오지랖이 넓다.	타인에게 관심이 많다.	타인을 잘 살필 줄 아는 공감 능력으로 활용하기
소심하다.	좀 더 신중한 결정을 할 수 있다.	여러 방안을 고민하고 최선을 선택할 수 있는 재능으로 만들기
성격이 급하다.	추진력을 얻을 수 있다.	결정권자의 문제 해결력을 높일 수 있는 자원으로 활용하기

각자가 자신의 단점이라고 생각한 점을 장점으로 바꾸어 강점을 만들어 보자.

	단점 찾기	장점으로 인식 전환하기
1		
2		
3		
4		
5		

단점을 극복하는 두 번째 방법은 '장점만 보는 것'이다. 단점이라고 알려진 것 중에는 장점으로 인식 전환을 하기 어려운 것들이 있다. 신체나 외모에 관한 부분이 그렇다. 이 부분은 아무리 장점으로 전환하려고 해도 방법을 찾기 어려운 경우가 많다. '키가 작다', '너무 뚱뚱하다', '건강상 큰 문제가 있다' 같은 요소들은 바꾸기 힘든 요소일 수 있기 때문이다. 이럴 경우, 이런 요인들을 장점화시켜 주면 오히려 놀림감이 된다고 느낄 수도 있다. 예를 들어 '키가 작다'를 장점화시킨다고 '키가 작으니까 좋겠다, 땅에 있는 것을 빨리 주울 수 있어서'라든가 '키가 작으니까 좋겠다, 이성 친구가 없으니까 편해서' 등의 이야기를 하는 사람들이 있는데, 이는 오히려 단점에 상처를 주는 행위이다.

이때는 단점을 보지 않고 자신이 가진 장점 하나에 집중하는 것이 좋다. 장점에 집중하여 장점을 강점으로 만들면 단점이 장점으로 바뀌지는 않아도 자신이 지닌 장점이 더 확실한 강점으로 작용할 수 있다.

단점을 극복하는 세 번째 방법은 '단점을 보완하는 것'이다. 특히 실질적으로 성취도가 낮은 아이들은 성취도를 높이기 전에는 자존감을 회복하기 어렵다. 성적이나 실력 향상이 따라 주어야 자존감도 올라가기 때문이다. 따라서 이런 아이들의 경우 본인의 동의와 부모 또는 교사의 협력으로 실력이나 성적을 향상시켜 자존감을 높여야 한다.

가령 성적이 좋지 않은 것은 머리가 나쁘다거나 타고난 성향 탓이 아니라 그동안 공부를 멀리했거나 잘못된 방법으로 공부해 온 탓이 크다. 이때는 본인의 동의 아래 부모나 교사가 올바른 방법으로 공부할 수 있도록 지도하고 격려해 주는 방법으로 단점에서 벗어날 수 있다. 공부를 잘하는 방법에 대해서는 다음 페이지에 소개한 글이 좋은 해결책이 될 것이다.

물론 이 학습법은 꾸준한 반복 실천이 필요하기 때문에 본인의 동의가 있어야 한다. 그리고 아이가 실천을 지속할 수 있도록 처음에는 부모나 교사 또는 공부를 잘하는 또래가 함께해 주는 것이 좋다.

공 선생이 추천하는 공부 비법

공부를 잘하기 위한 최상의 비법은 공부를 하고자 하는 '의욕'입니다.

공부를 꼭 해야 할 필요를 찾고 그것을 성취하기 위해서 공부하는 학생이라면 특별한 공부법이 필요하지 않습니다. 공부법에 대해 떠도는 이런저런 조언들이 가장 중요한 요소는 아니라는 말이지요. 공부를 하려는 마음이 전제된다면 누구나 공부를 열심히 하게 될 것입니다.

하지만 열심히 공부한다고 해서 곧 좋은 성적으로 연결되는 것은 아닙니다. 공부를 효과적으로 하기 위한 방법이 있습니다. 과목별로 그 방법을 잘 따르기만 하면 성적 면에서도 좋은 결과를 얻을 수 있게 될 거예요.

자! 이제 공부를 하고자 하는 의욕을 챙겼다면 공부법에 대한 이야기로 좀 더 깊이 들어가 봅시다.

공부를 잘한다는 것은 공부한 내용이 학생의 머리에 오랫동안 기억되어 있는 것을 말합니다. 또 기억한 내용을 필요에 따라 잘 활용할 수 있는 융통성과 유창성이 있는 것을 말하지요. 따라서 공부를 잘하는 법을 두 가지로 나누어 이야기하고자 합니다. 첫 번째는 단단하게 기억해 두는 방법이고, 두 번째는 기억한 것을 잘 활용할 수 있도록 조직화하는 방법입니다.

하나, 오래 기억되도록 저장하는 방법

오래 기억되게 하려면 자주 반복하는 방법이 가장 좋습니다. 큰 충격을 받으면 작은 사건이라도 기억에서 지워지지 않지만 공부는 큰 충격을 줄 수 있는 일이 아니기에 자주 반복하는 방법이 가장 좋습니다. 착실한 예습, 수업에 집중하기, 수업 종료 후 5분 복습하기, 손 수첩 사용하기로 반복 학습하는 방법이 유용합니다. 예습에서 한 번, 수업 시간에 또 한 번, 수업 종료 후 다시 한 번 그리고 틈틈이 생각날 때마다 손 수첩을 보며 공부하면 그 내용은 우리의 뇌에서 지워질 수가 없습니다.

수업하기 전날 반드시 교과서로 예습해라

예습을 하라고 하면 바빠서 예습할 시간이 없다고 합니다. 예습하는 데 너무 많은 시간이 걸리기 때문에 예습을 할 수 없다는 말을 많이 합니다. 학교 숙제에 학원 숙제까지, 그 많은 과제들을 하기도 힘든데 언제 예습까지 하고 있겠느냐는 말이죠. 그렇지만 예습은 생각보다 매우 간단하며, 또 정말 중요합니다. 간단하게 예습하는 방법을 생활화한다면 굳이 학원에 갈 필요가 없어지니 오히려 덜 바빠질 것입니다.

교과서의 제목을 외우는 것이 예습이다

교과서를 공부하라고 하면 무턱대고 교과서를 읽기 시작합니다. 그러고는 자꾸 문장 내용을 암기하려고 합니다. 그러니까 얼마 가지 못해 지쳐 버리고 시간은 훌쩍 지나가 버리고, 더 이상 공부하기가 싫어집니다. 교과서를 잡으면 먼저 제목을 훑어보아야 합니다.

우리의 뇌는 저장 창고입니다. 우리가 공부한 내용은 기억의 저장 창고로 들어가게 됩니다. 이때 저장 창고가 가지런히 잘 정돈되어 있어야 합니다. 만일 창고에 물건이 뒤죽박죽 섞여 있다면 필요할 때 물건을 쉽게 찾아 사용할 수 없을 것입니다. 우리의 뇌도 마찬가지입니다. 잘 정돈된 틀 속에 물건을 쉽게 찾을 수 있도록 차곡차곡 쌓는 것이 매우 중요한 것처럼, 교과 공부를 잘하려면 제목들을 먼저 외워야 합니다. 제목을 외운 후에 책을 한번 쭉 읽으면 됩니다.

단어들을 찾아서 익히는 것이 예습이다

단어를 찾으라고 하면 보통 영어 과목을 떠올립니다. 하지만 영어뿐만 아니라 모든 교과목을 제대로 이해하기 위해서는 단어를 찾아 익혀야 합니다. 문장은 단어들로 이루어져 있는데 단어의 뜻을 모르면 문장을 이해할 수 없고, 문장을 이해하지 못한다면 책의 내용을 이해할 수 없습니다. 그러기에 문장의 기초가 되는 핵심 단어와 용어들은 사전에서 찾아서 옆에 적어 두고 자주 보는 것이 좋습니다.

수업 시간에 선생님께 집중해라

'수업 시간은 졸리다'라는 편견에 동의하는 사람이 많습니다. 사실 많은 학생들에게 수업 시간은 졸음을 참기가 매우 힘든 시간입니다. 그렇지만 수업 시간에 존다는 것은 많은 것을 낭비하는 행위입니다. 선생님은 학생들보다 교과 내용에 더 정통합니다. 그렇기 때문에 선생님의 설명을 듣는 것은 혼자 공부하는 것보다 더 효율적으로 많은 내용을 얻을 수 있는 기회입니다.

학생들은 수업 시간에 조는 이유로 수업이 재미없기 때문이라고 말합니다. 이 말이 사실일까요? 수업 시간에 조는 것은 수업이 재미없기 때문이 아니라 학생이 재미를 느끼지 못해서입니다. 내용을 모르니 재미가 없는 것이지요. '재미'는 내용을 익숙하게 알고 이해할 때 생겨납니다. 수업 시간 내내 모르는 이야기만 나오니 흥미를 느낄 수도, 재미를 느낄 수도 없는 것입니다.

그러나 미리 예습을 해 온 학생은 선생님이 하는 말을 다 이해할 수 있습니다. 선생님이 다음에 무슨 내용을 이야기할지 짐작할 수 있기에 그 학생은 수업에 재미를 붙일 수 있습니다. 너무 피곤해서 육체가 버틸 수 없는 지경이 아니라면, 예습을 해 온 학생은 수업 시간에 졸 수 없습니다. 그리고 선생님의 이야기에 귀를 기울이면서 예습한 내용을 한 번 더 반복할 수 있게 되지요. 이때 선생님께서 수업이 끝나고 한 번 더 복습 정리를 해 주시면, 그 학생은 해당 수업 내용을 완전히 자기 것으로 만들 수 있게 됩니다.

학생은 선생님께 질문하는 것을 두려워하지 말아야 합니다. 선생님은 이미 많은 것을 알고 계신 분이기에 학생들의 질문을 매우 좋아하십니다. 언제라도 궁금한 내용이 있으면 손을 들고 정중하게 여쭤 보아야 합니다. 그리고 이해될 때까지 질문해서 좋은 답을 얻는 학생일수록 훌륭한 학생이라는 사실을 잊지 말아야 합니다.

수업이 끝난 후 복습해라

수업이 끝난 후 5분은 복습을 해야 합니다. 단 5분이면 충분합니다. 예습했던 내용이고, 수업 시간에 집중했던 내용이므로 중요한 내용을 5분만 다시 생각하면 충분히 정리할 수 있습니다. 이때 더 효율적으로 복습하기 원한다면, 손으로 직접 외운 내용을 적어 봅니다. 그냥 머리로 생각하는 것보다 입과 손을 동원한다면 그 기억은 더욱 오랫동안 남아 있을 것입니다.

짧게 복습한 내용은 손 수첩에 기록합니다. 수업 시간 전체 요약문이거나 수업 시간에 중요하다고 강조되었던 부분을 손에 들어갈 만한 작은 수첩에 적어 두면 좋습니다. 언제라도 기억에 의문이 생길 때 꺼내 보면 매우 도움이 됩니다.

하루가 끝나면 한 시간 복습해야 합니다. 하루 종일 했던 수업 시간표에 맞추어 한 번쯤 훑어보는 시간을 한 시간 정도 갖는 것이 좋습니다. 이때 손 수첩을 사용한다면 그렇게 많은 시간을 들이지 않고도 하루 배운 내용을 복습할 수 있습니다.

자투리 시간을 활용해 복습해야 합니다. 손 수첩을 잘 활용한다면, 짧게 기다리는 시간을 버리지 않고 활용하여 복습할 수 있습니다. 우리는 가끔씩 전에 배웠던 내용이 잘 떠오르지 않고 맴맴 돌 때가 있습니다. 이때 손 수첩을 사용하면 쉽게 그 내용을 들추어 볼 수 있습니다.

둘, 기억된 내용을 활용하는 방법

아무리 많은 내용을 암기하고 있더라도 단순히 암기한 것에 머문다면, 그것은 지식으로서 가치가 없습니다. 필요에 따라 저장된 내용을 꺼내서 활용하고 응용하고 적용할 수 있어야 암기된 내용이 통합적인 지식으로서 가치를 갖게 됩니다.

내용을 암기할 뿐만 아니라 나의 지식으로 잘 활용하기 위해서는 학습자가 공부의 객체가 아니라 주체가 되어야 합니다. 수동적으로 배운 내용을 암기하는 것에서 벗어나 능동적으로 알게 된 내용을 활용할 수 있어야 합니다.

공부한 내용을 철저하게 이해해라

이미 예습과 수업 시간 그리고 잦은 복습을 통해 많은 내용을 알게 되었을 것입니다. 이렇게 공부한 내용을 체화하기 위해서는 더 많은 것들을 활용해야 합니다.

이때는 오감을 동원하는 것이 좋습니다. 우리 몸에는 보고 듣고 느낄 수 있는 기관이 있습니다. 이 감각 기능을 통해서 우리는 외부의 내용을 안으로 전달받게 됩니다. 공부할 때도 이 감각 기능을 총체적으로 활용할 필요가 있습니다.

책을 읽을 때는 눈으로만 보고 끝내지 말고 입으로 소리 내어 외웁니다. 소리를 내면 입과 귀를 동시에 사용할 수 있습니다. 입으로 말하고 귀로는 소리를 들을 수 있기 때문입니다. 그리고 가능하면 손으로 써 볼 것을 권합니다. 귀찮다는 이유로 연필을 들지 않고 눈으로만 공부하는 학생은 오감의 능력을 최대한 발휘할 수 없습니다. 때로는 손으로 몸으로 동작을 취해 가면서 공부한 내용을 이해하는 것도 좋은 방법입니다.

생각그물법을 이용하는 것도 좋은 방법입니다. '마인드맵 Mind Map'이라고 불리는 생각그물법으로 연습장을 채우는 방법입니다. 종이 한가운데 중심 주제를 쓰고 소주제를 중심 주제에 연결해서 몇 가지로 기록하고 다시 소주제를 중심으로 단어들과 개념들을 가지 치면서 적어 가는 방법입니다. 이 방법을 사용하면 중심 개념과 연관된 작은 개념들과 교과 내용의 구조를 잘 파악할 수 있습니다.

전체를 그림으로 떠올려야 합니다. 자주 전체 내용을 머릿속으로 그려 보는 것도 꽤 재미있는 일입니다. 대단원과 중단원과 소단원 그리고 소목차들과 그 내용을 이루고 있는 단어들을 한 그림 속에 그려 놓고 생각해야 합니다. 이런 훈련을 자주 하다 보면 전체를 보는 안목이 생겨납니다. 작은 사실과 사건에만 집중하다 보면 큰 그림을 잃을 수 있기 때문에 오류를 범할 수 있습니다.

공부한 내용을 다른 사람에게 이해시켜라

예습, 수업, 복습 시간을 통해 충분하게 공부했다면, 이제 공부한 내용을 활용해 보도록 합시다. 문제를 푸는 것도 좋은 방법입니다. 하지만 자신이 알고 있는 내용을 다른 대상에게 설명할 수 있게 된다면, 그 지식은 완전히 자신의 것이 될 것입니다.

가상의 학생을 만들어 보십시오. 주변에 있는 나무, 연필, 거울, 어느 것이든 상관 없습니다. 어떤 대상을 선택하여 가상의 학생이라고 생각하고 자신이 이해한 내용을 설명해 보는 것입니다. 설명을 해 나가는 과정을 통해 더 확실하게 암기하게 될 것이고, 더 많은 내용을 이해하게 될 것입니다.

공부 짝을 만들어 보십시오. 같은 반 친구와 짝을 맺어서 서로 질문하고 대답하거나 알게 된 내용을 설명하는 것입니다. 이때 가능하면 교과서 없이 오로지 기억에 의해서만 설명하는 경험을 하는 것이 좋습니다.

스스로 교사가 되어 보십시오. 친구나 동생에게 공부를 가르치는 것입니다. 자신보다 진도가 늦은 사람에게 자신이 공부한 것을 가르치다 보면 자신도 모르는 사이에 실력이 올라가 있음을 알게 될 것입니다.

자존감을 올리는 가치 찾기
: 효용가치와 교환가치

　자존감은 강점을 가진 사람들에게 나타나는 특징이다. 그리고 강점이란 감추어져 있던 가치를 발현시키는 행위이다. 이 세상에 있는 모든 존재들은 각자가 자신의 가치를 가지고 존재한다. 우리가 알고 있는 어떤 것들도 존재의 이유가 없는 것은 없다. 돌, 흙, 달, 별, 하늘, 땅, 물, 공기 어느 것 하나도 존재의 이유가 없는 것은 없다. 사람, 짐승, 식물, 새, 물고기, 벌레, 세균 하나까지도 존재의 이유가 있다.

　이런 존재들은 먹이사슬의 과정에서라도 다른 존재의 생존을 위해 필요하며, 생존의 과정에서 수많은 존재를 만들어 낸다. 누군가에 의해서 만들어진 존재들에게는 그 존재의 이유가 없는 것이 없다. 필요하기에 만들어진 것이기 때문이다. 심지어 구토와

복통을 일으키는 대장균도 요즘에는 휘발유를 만드는 재료로 사용되고 있다. 하다못해 사람을 포함한 모든 동물의 배설물조차 쓸모가 있음을 권정생 선생님의 아름다운 동화 《강아지 똥》은 말해 주지 않았던가! 우리 아이들도 마찬가지이다. 저마다 자신만의 고유한 가치를 가지고 세상에 왔다.

그러나 우리는 살아가면서 수많은 거절과 좌절을 겪으면서 점점 존재의 가치를 잃어버리고 고통을 받는다. 물론 거절과 좌절의 고통을 이겨 내면서 어른이 되기도 하지만 어른이 되어서도 기억에 저장돼 있는 거절의 기억은 정체성의 혼돈을 가져오고 자신의 존재 가치에 의미를 부여하지 못하고 혼란에 빠지게 만든다. 때로는 존재의 가치를 인정받지 못하는 아이들이 그 고통을 이겨 내지 못해 죽음을 선택하는 경우도 있다.

존재의 의미를 발견하지 못해 괴로워하는 것은 비단 아이들에 국한되지 않는다. 존재의 의미를 발견하지 못한 채 성장한 많은 어른들도 삶을 포기하고 절망의 수렁에서 허덕이곤 한다. OECD 국가 가운데 자살률 1위라는 불명예를 가진 대한민국의 불행한 자화상은 어른이나 아이를 가리지 않고 삶의 질서를 온통 뒤흔들고 있는 것이다.

그렇다면 왜 사람들은 자신의 가치를 발견하지 못하는 것일까? 왜 많은 사람들이 자신의 존재를 무의미한 것으로 방치해 버리는 것일까?

애덤 스미스는 《국부론 The Wealth of Nations》에서 가치를 교환가치와 효용가치로 나누고 있다. 교환가치란 한 재화가 다른 재화와 교환을 할 수 있는 능력을 말하고, 효용가치란 재화와 용역의 사용으로부터 얻을 수 있는 주관적인 만족, 즉 사람이 느끼는 만족도를 객관적인 수치로 나타낸 것을 말한다. 대부분의 사람들은 교환가치를 기준으로 사물이나 인간의 귀천을 나눈다. 그러나 세상의 모든 존재를 교환가치만으로 가름할 수는 없다. 효용가치의 측면에서 바라보면, 교환가치로는 따질 수 없을 만큼 귀중한 가치가 우리에게는 있기 때문이다. 때로는 값싼 볼펜 한 자루가 누군가에게는 가격 이상의 커다란 의미를 주고, 다 떨어진 운동화 한 켤레가 값으로는 매길 수 없는 소중한 의미를 띠는 것 등이 바로 대표적인 사례이다. 교환가치로 보면 볼펜 한 자루는 돈 몇 푼 주면 살 수 있는 물건이지만, 만약 그 볼펜에 누군가의 추억이 담겨 있다면 이제 그 볼펜은 교환가치보다는 효용가치로 가격을 매겨야 한다.

한낱 사물에도 효용가치가 존재하는데 사람을 말하면서 효용가치를 빼고 말할 수 있을까? 사람의 가치를 평가할 때는 교환가치가 아니라 효용가치를 더 소중하게 여기며 이야기하는 것이 옳다. 자녀뿐만 아니라 자기 자신의 가치를 평가할 때 교환가치만으로 평가한다면 이는 존재 자체를 무시하는 처사가 되기 때문이다. 교환가치만으로 따지면 보잘것없는 자신일지라도, 목적 중심의 시각으로 바라보면 쓸모없어 보이는 자녀일지라도 버려 두고 갈 수 없는 존재이기에 그들에 대해서는 교환가치가 아닌 효용가치로 평가해야 한다.

효용가치로 본다면 세상에 못난 자식은 존재하지 않는다. 부모에게는 다른 집의 잘난 자식보다 조금은 부족한 내 자식이 훨씬 소중하고 중요한 존재이다. 아무리 보잘것없는 사람이라도 자신의 존재를 스스로 인정해야 한다. 명심하자. 자신이 존재하지 않으면 세상도 존재할 수 없다.

세상의 모든 존재를 교환가치만으로 가름할 수는 없다. 효용가치의 측면에서 바라보면, 교환가치로는 따질 수 없을 만큼 귀중한 가치가 우리에게는 있기 때문이다. 때로는 다 떨어진 운동화 한 켤레가 값으로는 매길 수 없는 소중한 의미를 띤다.

맛을 일으키고,
맛을 붙여야 행복하다

흥미興味라는 글자를 풀면 '맛味을 일으키다興'가 된다. 사람은 어떤 일을 하든 흥미를 가지고 시작해야 한다. 흥미 없는 일은 출발부터가 이미 괴로움이기 때문이다. 흥미는 강요나 설득에 의해서 얻어지지 않는다. 수많은 경험을 하는 과정에서 자연스럽게 따라오는 것이다. 그런데 우리는 어려서부터 우리가 원하는 것을 스스로 선택해 본 경험이 별로 없다. 늘 부모님이나 선생님에게 강요받거나 설득당하면서 무슨 일인가를 시작하곤 했다. 공부도 그랬고, 취미생활도 그랬고, 특기 활동도 그러했다. 심지어 대학을 진학할 때도 흥미에 따라 전공을 선택하기보다는 점수에 따라 선택하는 경우가 대부분이었으며, 직장을 구할 때도 적성과 흥미보다는 안정과 성공, 연봉이 선택하는 데 중요한 기준이 되었다. 인생을 살아가는 동안 나 자신이 흥미를 가지고 무언가를 선택한 경험이 얼마나 될까? 당장 머릿속에 떠오르는 기억이 별로 없다. 그래서 우리들 인생이 재미가 없는지도 모른다.

흥미란 곧 동기부여이다. 어떤 행동을 하도록 만드는 기저에는 동기가 작동하는데, 그 동기를 주는 것이 흥미라는 요소이다. 흥미로운 일을 시작하고 자주 습관을 들이다 보면 재미가 생기고, 일을 하면 할수록 흥분하여 즐겁게 몰입하게 되는 것이다. 재미라는 말은 한자어 자미滋味에서 왔는데 '맛味을 붙인다滋'라는 의미이다. 그러니까 흥미로운 일을 자주 하다 보면 그 일이 재미있는 일이 된다는 뜻이다. 정말 성공한 삶을 산다는 것은 이렇게 재미있는 일을 하면서 살아가는 일이 아닐까? 이렇게 재미있는 일을 하면서 살다 보면 그 일은 의미意味있는 일이 되고, 그 의미 있는 일을 하는 삶이 행복한 삶이 되는 것이다. 성공과 행복이 별개의 것이나 선후 관계의 종속적인 의미가 아니라, **행복한 삶의 진행 그 자체**가 바로 성공이 되는 것이다.

다시 한 번 강조하지만, '흥미'는 누군가의 강요나 설득으로 얻을 수 있는 것이 아니다. 그런데 목적 중심으로 살아가는 우리들은 경쟁이라는 전제를 부정할 수 없기에 아이의 흥미를 발견하는 데 충분한 투자를 할 수 없다. 다른 사람보다 더 빨리 목적을 달성해야 하기 때문에 흥미를 찾을 때까지 기다릴 여유가 없다. 그러다 보니 성공한 특정인을 롤 모델로 삼아 그 사람의 성공 비법을 자신의 삶에 빠르게 적용시키려고 온 힘을 쏟아붓는다. 또 많은 부모들은 이 방법을 자녀에게 강요하기도 한다. 강요에 의해 시작된 이들의 행동은 자발적일 리가 없다. 자발적으로 하지 않으니 또다시 강요와 강제가 반복되고, 그러는 사이에 우리뿐 아니라 아이들도 점점 모든 일에 흥미를 잃게 된다. 그 끝은 재미없고 무기력하며 지루한 일상일 뿐이다.

행복하고 성공적인 삶을 살기 위해서는 흥미를 먼저 찾아야 한다. 흥미를 찾기 위해서는 무엇보다 시간이 필요하다. 오랜 기간 자신을 관찰하는 과정을 통해서 흥미를 찾아야 한다. 어떤 일에 흥분하는지, 어떤 일에 시간을 많이 보내는지, 어떤 일에 더 많은 신경을 쓰고 있는지, 어떤 일을 할 때 미소를 지으며 눈빛을 반짝이는지 주의력 있게 관찰해야 한다. 흥미를 찾으려는 여유로운 시간과 마음이 필수이다.

흥미interest라는 단어는 'inter'와 'rest'로 구분된다. 아마도 흥미를 얻기 위해서는 쉼이 필요하다는 뜻으로 보인다. 쉬는rest 사이inter에 여유 있게 인생을 즐길 때 흥미를 찾게 된다는 의미일 수도 있다.

만약 여러분이나 여러분의 자녀가 선택을 앞두고 결심을 하기로 마음먹었다면, 그 일을 결정하기 전에 여유를 가지고 흥미를 찾는 일에 먼저 투자해야 한다. 그렇게 하는 것이야말로 여러분과 여러분 자녀의 삶을 행복한 방향으로 이끌어 줄 것이다.

자원은 많을수록 좋다

　　경상남도 금산에서 학생과 학부모를 대상으로 진로 콘서트를 할 때였다. 이날 초대 손님으로는 대한민국 최고의 의과대학에 다니는 금산 출신의 4학년 학생이 출연했다. 질의응답 시간이 되자 한 참석자가 그 학생에게 언제부터 공부를 잘하게 되었느냐고 물었다.

　　학생은 이렇게 대답했다.

　　"초등학교 6학년 때였어요. 문득 내가 이렇게 살아도 되는가 하는 고민을 하게 되었지요. 그때까지 저는 공부를 그렇게 잘하는 아이가 아니었거든요. 그래서 이렇게 살아서는 안 되겠다고 생각하고, 중학교 가기 전 겨울 방학 때 수학 문제집을 사서 풀기 시작했어요. 문제 풀이만도 4,000개가 넘었던 것으로 기억합니다. 그걸 중학교 입학하기 전에 다 풀었지요. 그 뒤로 수학에는 정말 자신감이 높아졌어요. 그런데 그 기억이 지금까지도 저를 따라다닙니다. 공부하다가 힘이 들거나 지치면 저는 상상을 해요. 4,000개나 되는 문제를 풀던 제 모습을요. 그리고 입으로 외칩니다. '나는 4,000문제를 푼 사람이야' 이렇게요. 그러다 보면 또 제 앞에 있는 문제에 도전하게 되고 결국 해내게 되더라고요."

이 멋진 학생은 성공했던 좋은 기억을 가지고 있었다. 자신이 4,000문제를 선택하고 일정 기간 꾸준히 노력한 끝에 목표한 바를 다 이루었으며, 그로 인해 수학 성적이 향상된 경험을 좋은 기억으로 간직하고 있었던 것이다. 그리고 어려운 일이 있을 때마다 그 기억을 다시 꺼내 자신감을 채우고 도전하는 계기로 삼았다. 좋은 기억은 이처럼 새로운 행동을 시도할 수 있는 자원이 된다. 성공했던 좋은 기억을 가지고 있는 사람들은 어려운 과제 앞에서도 좋았던 기억을 떠올리며 또 한 번의 성공을 확신한다. 단 한 번이라도 성공했던 기억이 있는 사람들은 **성공했던 기억을 자원으로 활용**하여 성공을 향해 지속적으로 행동한다. 성공했던 사실에 대한 좋은 기억이 그 사람을 성공으로 이끈 훌륭한 자원이다.

사람의 기억은 성공과 실패 두 가지 경험으로 나누어 볼 수 있다. 실패의 기억이나 성공의 기억은 어떤 상황과 연결되어 좋지 않은 기억과 좋은 기억으로 나뉘기도 한다. 사람들은 실패의 기억이 떠오르면 좋지 않은 상황과 연결하여 기억하게 되고, 그런 기억은 비슷한 행동을 하지 못하도록 만든다. 실패의 기억이 행동을 가로막는 장애 요소가 되는 것이다.

장애를 많이 갖고 있는 아이는 시도를 꺼리게 되고 새로운 행동을 시작하지 못한다. 경쟁이 시작되면서부터 아이들은 공부에 대해 실패의 기억이 더 많아진다. '틀렸다', '다시 해라', '그렇게 하면 안 된다', '벌써 몇 번째냐', '너 머리가 나쁜 거냐', '왜 이렇게 못하니', '못난 놈' 등 부정적인 말을 많이 듣고 자란 아이들은 공부라는 말과 함께 실패의 안 좋은 기억을 많이 갖게 된다. 그래서 실패의 기억이 붙어 있는 '공부해라'라는 말을 잔소리로 듣게 되고, 더 이상 공부를 하기 싫어한다. 더구나 공부를 못하면 미래에 성공할 수 없다는, 수많은 이들로부터 들은 '교훈' 아닌 '교훈'이 아이들로 하여금 자신의 미래를 실패로 인식하게 만든다. 실패의 기억이 공부를 하기 싫게 만들고, 공부하기 싫어하니 부정적인 말을 다시 듣는 악순환이 되풀이된다.

그러면 아이들이 스스로 자기주도력을 갖고 행동하게 하려면 어떻게 해야 할까?

가장 좋은 방법은 성공했던 좋은 기억을 많이 갖게 해 주는 것이다. 성공의 창고, 기쁨의 창고를 가득 채우는 것이다. 성공했던 좋은 기억은 행복했던 추억들 속에 있다. 아빠와 놀았던 그때 그

놀이터, 엄마와 평화로웠던 그날의 낮잠, 깔깔거리며 웃고 즐겼던 산책길, 기분이 우쭐했던 칭찬 한마디, 달리기를 완주했던 가슴 벅찬 순간, 박수를 받았던 운동회의 기억 등 사소하지만 행복했던 과거의 순간 속에 성공의 추억들이 가득 들어 있다.

이런 기억을 많이 가지고 있는 아이는 좋은 자원을 많이 가진 아이이다. 과거에 실패했던 기억이 장애물로 작용했다면 과거에 성공했던 기억은 새로운 행동을 자신 있게 할 수 있는 자원으로 남아 있게 된다.

아이의 장점과 가치를 발견하고 흥미로워하는 일에 시간을 투자하게 해 주며 단점을 극복하고 이를 장점으로 전환시켜 강점을 갖게 하면 아이는 긍정적인 현재 상태를 누릴 수 있다. 그리고 긍정적인 현재 상태에 있는 아이는 스스로 자존감을 높여 자기주도력을 키울 수 있다. 더불어 자신이 원하는 상태로 가기 위해 날마다 행동하게 된다.

성공했던 좋은 기억을 자원으로 가진 아이는 꾸준한 행동을 통해 언젠가 원하는 상태인 행복한 성공에 도달하게 될 것이다. 아이들을 행복한 성공으로 이끌 자원을 찾는 데 다음 페이지에 나오는 표를 이용하는 것도 좋을 것이다.

분류	예시 자원	아이의 자원
잊지 못할 말 / 기억	인상이 부드럽구나. 옷을 참 잘 입네. 말을 참 잘하는구나. 노래를 잘하네. 공부를 잘하네. 똑똑한데. 성공하겠네.	
자신의 역할	귀한 아들. 멋진 딸. 집안의 보배. 학급 회장. 재간둥이. 없어서는 안 될 사람.	
재능 강점	말. 노래. 글쓰기. 논리적 판단. 아이디어 생성. 창의성. 유머. 융통성.	
흥미로운 일	여행하기. 맛있는 식당에서 먹기. 새로운 사람 만나기. 개발하기. 논리적 변론하기.	
그 외	상장. 자격증.	

아이와 마음으로 대화하라

아이의 자존감을 키워 주기 위해 부모는 아이의 현재 상태에 집중해야 한다. 아이의 가치를 찾고 장점을 발견하며 좋은 기억들을 끄집어내 자원을 주는 부모가 되기 위해 꼭 해야 할 일이 하나 더 있다. 바로 아이와 마음으로 소통하는 것이다.

소통이 막히면 아프다.

"뭐가 불만이야?"
"……."
"답답하게 굴지 말고 말이라도 좀 해봐."
"……."
"말을 해야 네 맘을 알 거 아냐?"

"……."
"도대체 넌 무슨 생각을 하고 있는 거냐?"
"……."
"생각은 가지고 사는 거니?"
"……."

도대체 무슨 생각인지 입을 열지 않는 아이를 보는 부모는 죽을 맛이다. 그야말로 '환장'할 것 같다. 그렇다고 한 대 쥐어박을 수도 없고, 하긴 쥐어박는다 한들 아이가 입을 열기란 만무하다. 그렇게 순하고 어진 아이는 어디에도 없을 거라 믿을 정도로 착했던 아이가 지금 내 눈앞에 있는 저 아이라고는 믿기지도 않는다. 내가 뭘 잘못 키웠는지 자책이 앞서기도 한다.

어떻게든 문제를 해결해야 할 것 같아 친한 옆집 아주머니를 통해 여기저기 물어본다. 하지만 답이 없다. 그 집도 상황이 별반 다르지 않기 때문이다. 어디부터, 무엇부터 잘못된 것일까? 왜 소통이 안 되는 걸까?

소통이 안 되는 이유는 간단하다. 첫째, 질문이 잘못되었고, 둘째, 질문을 해 놓고 정작 들으려는 노력은 전혀 하지 않았기 때문이다.

아이는 정말 말을 안 하고 있었을까? 아니다. 아이는 속으로 다 이야기를 하고 있었다.

"뭐가 불만이야?"

"(다 불만이죠.)"

"답답하게 굴지 말고 말이라도 좀 해 봐."

"(말 해 봤자 안 들어 줄 거잖아요.)"

"말을 해야 네 맘을 알 거 아냐?"

"(옛날에 이미 다 말했거든요. 수도 없이.)"

"도대체 넌 무슨 생각을 하고 있는 거냐?"

"(그걸 모르겠거든요.)"

"생각은 가지고 사는 거니?"

"(생각할 틈도 없다고요.)"

말을 안 할 뿐이지 아이는 속으로 이야기하고 있다. 그런데 입으로 말을 낼 수가 없다. 질문이 잘못되었기 때문이다. 도대체 대답할 수 있는 질문이 아니다. 입으로 나온다고 해서 다 말은 아니다. 마음을 담지 않은 말은 어쩌면 말이 아니라 소리에 불과할지도 모른다. 이런 말을 흔히 잔소리라고 한다. 그리고 잔소리로는 상대의 마음을 절대 얻을 수 없다. 잔소리는 하는 사람의 마음에도 상처를 남기지만 듣는 사람의 마음에도 상처를 남긴다. 말하고 있는 부모도 속이 터지겠지만 말 못하는 아이도 부모 이상으로 속이 터지고 있을 것이다.

소통이 안 되는 것은 부모에게도 자녀에게도 아픔이다. 아이의 자존감을 올리고, 아이의 가치를 발견하고, 아이의 강점을 키워주며, 아이가 스스로 행동하는 자기주도력을 갖추게 하기 위해 부모는 소통을 시작해야 한다. 그렇다면 어떻게 소통을 시작할까?

소통은 기술이 아니다

사회가 다양화되고 관계가 복잡해짐에 따라 건전하고 효율적인 관계의 유지를 위해 소통의 필요성이 증대되고 있다. 소통이 잘못되면 본래의 마음과 전혀 다른 의도가 전달되고 그로 인해 구성원들 사이에 오해가 쌓이며, 오해가 심화되면 관계가 악화되고 그로 인해 사회와 조직은 붕괴될 수도 있다.

소통의 단절로 붕괴되는 것은 거대한 조직만이 아니다. 연인, 친구 등 개인과 개인의 관계도 그렇고 부모, 자녀 등 가족 간에도 마찬가지이다.

소통의 단절은 공동체와 가족을 힘들게 하고 무너지게 만든다. 특히 사랑했던 가까운 사람끼리의 소통 단절은 깊은 절망과 좌절을 맛보게 한다. 왜 우리는 소통을 하지 못하는 걸까? 우리 아이는 한때 그렇게 사랑했던 존재였는데, 지금도 마음속엔 그 사랑이 고스란히 남아 있는데 왜 우리는 미워하는 사람들처럼 답답한 상태로 살아가야 하는 걸까?

소통이 단절된 가정의 부모는 아이와의 불통에 대해 고민하고 고통을 호소하기도 한다. 소통이 안 된다는 사실 때문에 눈물로 해결을 호소하는 경우도 있다. 많은 부모들이 말한다. 애써서 큰 마음 먹고 소통을 시도하기도 하지만 그때마다 소통은 사라지고 호통과 고함만이 난무하는 상황을 맞는다고. 소통을 위한 노력은 대부분 수포로 돌아가고, 잘못된 소통 시도는 오히려 사태를 더 심각하게 만들기도 한다.

소통이 제대로 되지 않는 상황을 경험해 본 사람들은 그 이상의 고통은 없다고 말한다. 소통이 되지 않는 자녀는 자식이 아니라 원수로 보인다고도 한다. 그런데 그 집 아이의 이야기는 또 다르다. 자기 부모와는 도대체 말이 안 통한다는 것이다. 여러 차례 이야기를 시도했지만 그때마다 부모들은 자기 입장에서만 이야기를 한다. 그러니 그런 대화를 해 봐야 아무런 소용이 없어서 입을 닫았다고 한다. 아이들 자신들도 답답하다고 토로한다.

서로 원인도 모르는 소통의 벽을 사이에 두고 괴로워하지 않으려면 이제부터라도 제대로 된 소통을 시작해야 한다. 소통 전문가를 찾아 강의를 듣고, 코칭을 받고, 심하면 심리 치료도 시도해야 한다. 그래서인지 대한민국에서 '소통의 기술'은 상업성이 높은 분야가 되었다. 워낙 많은 의뢰인들이 도처에 있기 때문에 '소통의 기술'은 소위 '장사가 잘되는' 분야이다. 어떻게 하면 소통을 잘할 수 있을지를 알려 주는 '소통의 기술'에 대한 강의가 대한민국 곳곳에 넘쳐흐른다. '소통의 기술'이라는 제목이 붙어 있는 책들만 봐도 서점에 수십 종이 넘게 깔려 있다. TV 특강에서도 '소통의 기술'은 단골 주제이다. 인터넷 동영상으로도 '소통의 기술'이라 이름 붙은 강의들이 수두룩하다. 아이들이 배우는 리더십이나 인성 교재에도 '소통'은 흔히 볼 수 있는 항목이다.

이렇게 소통에 대한 강의와 책과 프로그램들이 넘쳐나는데 대한민국에서 소통이 안 된다는 것은 어불성설이다. 어른도 아이도 모두 소통의 달인들이 되어 있어야 한다. 그런데 대한민국의 실상은 어떤가? 우리는 서로 '소통'하고 있는가? 전혀 그렇지가 않다.

대체 뭐가 문제일까?

문제는 소통을 위해 '소통의 기술'을 배우기 때문이다. 소통의 기술은 정교하게 구성되어 있다. UCLA의 심리학 교수인 앨버트 메라비언 Albert Mehrabian 박사는 상대방에 대한 인상이나 호감을 결정하는 데에는 말의 내용이 7퍼센트, 그 사람의 분위기나 이미지가 55퍼센트 그리고 목소리가 38퍼센트를 차지한다는 메라비언 법칙을 발표한 바 있다. 메라비언 법칙에 따르면, 우리는 원활한 커뮤니케이션을 위해서 목소리, 어조, 음색, 눈빛, 표정, 몸짓 등을 적절히 사용해야 한다.

또 다른 연구는 효과적인 커뮤니케이션을 위해 '너-메시지'를 사용하지 말고 '나-메시지'를 사용하라고 이야기한다. 정말 설득력이 있고 감동적인 소통의 기술이 아닐 수 없다. 따라서 사람들은 이런 훌륭한 소통의 기술을 배우면서, 정말 좋은 소통을 할 것이라고 기대한다. 하지만 결과는 참담하다. 기술을 마음껏 배우긴 했지만 현장에 적용한 결과는 전혀 다르게 나오기 일쑤이다. 현장에서는 우선, 배운 기술들을 다 써먹을 수가 없다. 각각의 현장마다 특수한 상황이 별도로 존재하기에 배운 기술을 있는 그대로 적용할 수 없기 때문이다. 소통에서 배운 기술을 가정에서 사용하려면 가정의 상황에 따라 적절히 응용해야 한다. 그런데 그 응용도 쉽지만은 않다.

그뿐이 아니다. '소통의 기술'은 하나의 기술이기 때문에 상대방의 기술에 당할 수도 있다. 요즘은 부모뿐만 아니라 아이들도 '소통의 기술'을 배운다. 그래서 부모가 기술을 쓰려고 하면 아이들도 기술을 쓴다. 그러니까 아주 고도의 기술을 구사하지 않으면 상대방의 기술 앞에서 무용지물이 되고 마는 것이다.

이미 많은 부모들이 한 번씩은 경험해 보았을 것이다. 애써 배운 소통의 기술을 써먹기 위해 어색한 스킨십과 함께 아이에게 다가가서 아이를 칭찬하면서 이야기를 시작하려 하지만 이상한 기운을 눈치 챈 아이들이 먼저 선수를 치고 나오는 경험 말이다. 결국은 이야기를 꺼낸 당사자만 머쓱해지기 일쑤이다. 방법이 잘못된 것 같아 다시 기회를 잡아 시작하지만 노력은 헛수고가 되고, 변하지 않는 상황에 화가 치밀어 오르고 결국은 더욱 어색해지고

'소통의 기술'은 하나의 기술이기 때문에 상대방의 기술에 당할 수도 있다. 아주 고도의 기술을 구사하지 않으면 상대방의 기술 앞에서 무용지물이 되고 만다.

마는 경우가 많다. 많은 사람들에 의해 수없이 다양한 기술들이 나오지만 그 **기술로는 상대방과 제대로 된 소통을 할 수 없다.** 오히려 기술을 잘못 쓰다가 관계만 나빠질 공산이 크다.

● 소통은 마음으로 하는 것이다

왜 그랬을까? 유명 강의를 듣고 좋은 방법이라 해서 써먹었는데 왜 우리 집에서는 이 방법이 통하지 않는 걸까? 혹시 우리 집만 그런 건가? 아닐 것이다. 대부분의 집들이 같은 상황일 것이다. 집에서 소통의 기술을 사용했는데도 소통이 안 된다면 '소통의 기술'은 답이 아님을 빨리 깨달아야 한다. 소통을 위해서는 '소통의 기술'만으로는 안 된다는 점을 받아들여야 한다.

물론 '소통의 기술'은 기본적으로 필요하다. 그런데 기술 이전에 갖추어야 할 것이 있다. 바로 '마음'이다. 아이들과 관계에서는 마음을 찾는 일이 매우, 가장 중요하다. 오랜 시간 단절 상태로 인해 소원해진 관계의 길을 트기 위해서는 처음에 좋아했던 그 마음을 회복하는 일이 더 중요하다. '소통의 기술'은 그 '소통의 마음'을 먼저 회복한 이후에 사용해야 한다. 그 마음을 회복하기 위해서는 그 마음으로 가는 길이 언제부터 단절되었는지 생각해야 한다. 언제부터, 왜 소통이 단절되었던 것인지 내 마음속으로 여행을 떠나야 한다.

왜 소통이 단절되었을까? 부모와 자녀는 이제 더 이상 서로 좋아하지 않는 걸까? 정말 원수 사이가 된 걸까? 절대 그렇지 않다. 여전히 부모는 자녀를 사랑하고 있고, 자녀들은 부모를 원하고 있다. 단지 소통이 안 되고 있을 뿐이다. 나는 이 대목에서 '신현희와 김루트'가 부른 노래 〈오빠야〉의 후렴구를 떠올려 본다.

나는 너를 좋아하고
너를 좋아하고
너도 나를 좋아하고
나를 좋아하고
우린 서로 좋아하는데도
그 누구도 말을 안 해요.

나는 이 노래를 따라 부르면서 그런 생각이 들었다.
'좋아하는데도 **말을 안 할 뿐**이구나. 좋아하고 있으면서도 말을 안 하니까 서로 모르는 거구나. 지금은 서로 만나면 답답하고 혼란스럽지만 원래 좋아하는 사이였구나. 그런데 말을 안 하니까 내 마음이 전달되지 않는 거구나.'
그렇다. 누구나 처음 만난 순간은 너무 좋아했기에 만난 것이다. 지금은 너무 오래전 일이라 기억나지 않을 수도 있지만 아이들의 아빠 엄마도 처음 만났을 때는 짜릿했고, 사랑하는 마음에 기분이 달뜨는 시간이 있었을 것이다. 그때는 말을 해도, 말을 하지 않아도 충분히 이해했고 서로 소통을 잘했을 것이다.

아이들과의 만남도 역시 마찬가지이다. 오래전 아이가 태어나던 그날을 기억해 보자. 우리는 얼마나 흥분했고 기뻤나? 아이가 자라면서 눈을 뜨고 엄마 아빠 목소리를 알아채고 꿈틀꿈틀 기다가 몸을 뒤집고 그러다가 일어나 앉았을 때, 네 발로 기어 다니던 아이가 어느 날 밥통이나 식탁 모서리를 잡고 일어서는 광경을 봤을 때, 처음 두 발로 뒤뚱거리며 혼자 걸었을 때, 우리는 얼마나 기쁘고 가슴 벅찬 감동의 순간을 맞았었나?

말을 하고 엄마 아빠를 따라다니며 재롱을 피우던 그 아이를 부모들은 많이 사랑했을 것이다. 그만큼 행복한 나날들이 다시없을 만큼 좋았을 것이다. 그렇게 서로 좋아했던 그 시절에 우리는 소통에 대해 고민하지 않아도 서로의 마음을 알아챘다. 그땐 조금 서운한 말을 주고받아도 뒤돌아서면 풀어지곤 했다.

그런데 어느 날부터였다. 그 아이가 더 잘하기를 바라는 마음에 근심이 생겨나기 시작했다. 옆집 아이보다 늦는 것 같아 마음이 놓이지 않고, 재촉을 시작했다. 그 아이와 손을 놓기 시작하고, '밉다'는 말과 '싫다'는 말을 시작하고, 좀 더 잘하라고 채근하고, 실수를 그냥 넘기지 못하기 시작했다. 옆집 아이와 비교하기 시작하면서 부모는 아이와 멀어지기 시작했던 것이다.

너무 사랑하기에, 아이가 더 잘되기를 바라는 마음에 다른 누군가와 비교하다 보니 부모 입에서 사랑한다는 말보다는 잘하기 바란다는 말만 하게 되고 이것이 아이에게 부담을 주기 시작했을 것이다. 격려와 칭찬보다는 거절과 비난의 말을 하는 횟수가 늘어났을 것이다. 물론 자식에게 잘못되라고 그런 것은 아니다. 더 잘되길 바라는 마음에서 그렇게 말한 것이지만, 말은 습관이 되어 버리고 한 번 두 번 내뱉기 시작한 말 때문에 부모와 아이의 마음 길에 벽이 쌓이기 시작했다. 그러다가 급기야 말을 멈추고 만 것이다. 마음이 막힌 후에는 말이 통하지 않았을 테니까. 말을 하지 않으니 마음은 점점 전해지지 않았고, 그 시간이 오래 흐르다 보니 이제는 말하는 방법도 잊어버렸고, 마음도 잃어버리게 되고 말았다.

소통의 단절은 오랜 시간 동안 왜곡된 시각에 의해 상대방의 마음을 읽지 못했기 때문에 일어난다. 사람은 누구나 서로에 대한 좋은 감정을 가지고 관계를 시작하기 마련이다. 그런데 좋은 감정이 시간이 흐르면서 좋지 않은 사건들과 행동들로 인해 가려지고 잘못된 행동들에 대한 기억들만 남아 마음과 마음을 가로막는 벽이 되고 마는 것이다. 시간이 흐를수록 벽은 단단해지고 소통은 점점 더 힘들어진다. 소통이 단절된 상호 간에는 조금씩 미움이 자리 잡게 된다.

다시 소통하기 위해서

막힌 담을 헐고 관계를 바로 잡기 위해서는 다시 한 번 소통이 필요하다. 아이가 잘되게 하기 위해서는 소통을 해야 한다. 아이에게 자존감을 높여 주고 미래의 리더로 행복한 성공을 선물하기 위해서는 소통을 해야 한다. 그리고 소통을 위해서는 서로의 마음을 이해해야 한다. 처음 만났을 때의 좋았던 감정을 되찾아야 한다. 좋지 않은 기억들로 인해 쌓인 벽을 헐어 내고 서서히 마음과 마음의 길을 만들어 가야 한다. 말을 시작하기 전에 예전 마음을 회복하는 작업이 필요하다.

아이를 한번 들여다보자. 내가 지금 관계를 회복해야 할 이 아이는 누구인가? 아이와 처음 만났을 때를 생생하게 기억해 보아야 한다. 그때의 짜릿한 기분을 머릿속에 떠올려 보자. 그리고 생생하게 들어 보자. 그 목소리와 숨소리, 그 따스한 체온과 냄새를 맡아 보자. 아마 들릴 것이다. 나지막한 목소리도 들리고, 깔깔대는 웃음소리도 들리고, 속삭이는 귓속말도 들릴 것이다. 그리고 이내 보일 것이다. 미소 짓는 입술이 보이고, 마음을 설레게 했던 머리칼이 보이고, 아이가 자주 입던 옷 색깔도, 스타일도 떠오를 것이다. 그리고 사랑스럽다는 마음이 들 것이다. 느껴질 것이다. 꼼지락거리던 손가락의 느낌, 곱던 살 느낌, 나에게 폭 안겼던 느낌.

이런 것들이 다시 느껴지고 들리고 보일 때 눈을 들어 지금 내

눈앞에 있는 아이를 다시 바라보자. 바로 이 아이가 내가 사랑했던 아이이다. 비록 수학 성적이 부모 마음에 안 들고 하는 행동이 성에 차지 않겠지만 이 아이는 원래 내가 너무 사랑했던 바로 그 아이인 것이다. 처음 한두 번으로 끝내지 말고 자주 그런 연습을 해야 한다. 그러다 보면 따로 연습하지 않아도 좋았던 시절을 떠올릴 수 있다. 그렇게 서로에게 좋았던 시절을 떠올려 좋았던 마음을 회복해야 한다.

그 다음에는 아이의 좋았던 점들을 하나하나 적어 봐야 한다. 사람에게는 좋은 점이 많이 있다. 성공을 위해 살아가느라, 경쟁하며 지쳐 가느라, 우리는 아이의 좋은 점을 보는 일에 게을렀을 뿐이다. 나쁜 점을 찾아서 그것을 채워야 한다고 설득하고 잔소리하고 명령하고 거절했을 뿐이다. 그래서 아이의 좋았던 점들을 다 잊어버렸던 것이다. 이제는 아이의 좋았던 점들을 찾아 주어야 한다. 그리고 좋은 점을 통해 아이의 가치를 알아주어야 한다. 경쟁을 위해 비교하며 약점을 들춰내는 일을 멈추고 강점을 만들어 주어야 한다.

그리고 그 사람의 좋은 점을 찾았다면 이제 소통의 기술로 들어가야 한다. 문득 생각났다고 갑자기 말하려 하지 말고, 말할 수 있는 좋은 기회를 찾아서 분위기를 만들어야 한다. 그리고 내가 하고 싶은 이야기를 하지 말고 아이의 말을 들어 주어야 한다. 아이가 하는 말 속에서 **아이의 마음을 찾아 읽어 주어야** 한다. 이것이 아이를 인정하는 길이다.

　아이의 마음을 인정하면 아이는 자존감이 높아진다. 물론 잘못된 행동까지 인정하라는 말은 아니다. 잘못된 행동을 그대로 인정하고 두는 것은 인정이 아니라 방치이다. 정말 인정을 한다면 잘못을 고쳐 주어야 한다. 아이의 잘못된 행동을 발견했다면 그 아이가 그런 행동을 하게 된 마음을 먼저 읽어 주고 그 뒤에 내 이야기를 해야 한다. 이때 사용하는 방법은 '너-메시지'가 아니라 '나-메시지'여야 한다. 상대방의 마음을 읽어 주고 행동에 대해서는 지적할 수 있는 결단이 진정한 인정이자 배려가 된다.

　마음의 길을 열기 위해서는 인정하는 말을 해야 한다. 인정하는 말은 상대의 자존감을 살려 내고 협력을 이끌어 낸다. 인정하는 말은 단순한 말의 기술이 아니라 마음을 움직이는 말이어야 한다. 그리고 그 말은 곧, 관계와 소통을 회복하는 지름길이 된다.

== 맺음말 ==

〈마태복음〉 15장에는 "맹인이 맹인을 인도하면 둘이 다 구덩이에 빠지리라"는 구절이 나온다. 아직 제대로 성숙하지 못한 아이는 맹인에 가깝다. 더구나 다가오는 미래 앞에 서 있는 아이들은 크나큰 두려움을 느끼기 마련이다. 그런데 이들을 이끌고 나갈 부모마저 같은 두려움에 빠져 혼란스러워한다면 아이들은 갈피를 잡기가 더욱 힘들 것이다.

책을 다 읽은 뒤 자녀 교육의 '새 길'을 본 독자도 있을 것이다. 그분이 새 길을 보았다는 것은 아마, 새로운 길을 가기로 결단했기 때문일 것이다. 미래보다는 아이의 현재에 집중하고, 무조건 돈을 버는 성공보다는 아이의 행복을 우선시하고, 대학을 위한 일방적 교과 교육보다는 아이의 강점을 찾아 아이 스스로 걸어가는 길을 함께 걸어가기로 결정한 부모의 마음은 평화로울 것이 분명하다. 새 길에, 새 희망과 새 행복이 기다릴 것을 아는 까닭이다.

새 길을 발견한 부모와 함께하는 아이는 두려움과 고난 속에서도 안

정감이 있으며, 자존감을 높일 것이다. 부모와 마음으로 소통하는 아이는 잠시 터널을 걸어가는 동안에도 등불을 밝히고 있을 것이다.

부디 알고 이해하는 데서 끝나지 않기를 바란다. 발견한 새 길을 향해 당장 한 걸음 옮기는 일부터 시작하시기를 바란다.